The study of the educational program
for child care support by Nursery

子育て支援と実践

千葉 千恵美
Chiemi Chiba

現代図書

目　次

序　論

　厚生労働省では、2004年（平成16年4月）少子化の流れを止めるための施策として、少子化社会対策大綱を施行した[1]。特に集中的に取り組むべき4つの重点課題を設定した。1つ目は、若者の自立とたくましい子どもの育ちである。2つ目には仕事と家庭の両立支援と働きかたの見直しで3つ目には生命の大切さ、家庭の役割などについての理解、4つ目には子育ての新たなささえ合いと連帯であった。さらに同年12月にはこども・子育て応援プランが少子化社会対策会議で決定され、大綱の示した重点課題に沿って、2005年から2010年（平成17年から平成22年）までの5ヵ年に講ずる具体的な施策内容と目標を提示した。さらに次世代育成支援対策推進法2005年（平成17年4月施行）に基づく行動計画では、都道府県、市町村において、地域における子育て支援などについての5ヵ年計画を策定、また事業主に対しては仕事と子育ての両立のための雇用環境の整備や働き方の見直しなどについて2年から5ヵ年の計画を策定した。

　我が国における女性の合計出生率は、2018年（平成30年）には1.42と僅かに増加したものの少子化傾向は持続している。この背景には女性の社会進出や子育てのための環境の不備が指摘されてきた。核家族化した家族環境、離婚率の増加、発達障害の増加も子育てを困難にしている要因である。安定した環境の中で子育てが出来るためには、地域における子育て支援環境の整備が望まれている。子育て支援をバックアップするための支援体制の強化や実際に子育て支援ができる人材の育成が求められている。

　政府は国の施策として2015年（平成27年）度より「子ども・子育て支援新制度」を施行し、消費税増税による社会全体で費用を負担し、地

域の実情に応じた子ども・子育て支援を行い、市町村が実施主体になった。しかし待機児童の問題や地域の資源による格差の問題、保育の受皿拡大による保育を担う保育士の人材確保（量）の課題や保育の（質）の課題が問われている。

この実情をうけ全国保育協議会では、日々の保育実践を見直し、実施可能な取り組みが出来るメニューと浸透と実践を実施し支援している状況でもある。

保育所を利用する子どもとその家族だけでなく、全ての子どもと家庭に対して必要な支援が求められている。

更に政府は国の施策として新たに2019年10月（令和元年）3歳から5歳児の幼稚園や認可の保育施設の利用料金を無償化にした。併せて認可外保育施設には月3万7千円を上限に助成した。更に放課後児童クラブ（学童保育）の約30万人分の受皿を拡充するとともに、資質向上を目標にした。また児童虐待防止対策に向けては、保育所並び認定こども園などの日々の保育の中で、子どもや保護者の虐待を含む権利侵害や社会的問題になっている「子どもの貧困」にむけ、早期発見し支援することが課題となっている。

保育所保育指針改定2018年（平成30年4月施行）では、保育所の役割に保護者の支援は保育士の業務と明確に示され、指針の第4章には「子育て支援」が加えられた（注1）。保育所に入所する子どもの保護者への支援と地域における子育て支援について、地域の保護者に対する子育て支援を積極的に行う、子育て家庭と親を支える地域等の取り組みの強化が求められている。地域子育て支援の実践活動としては、現在もNPO法人、民間の子育てサークルなどが活動しているが、大学が行う研究と教育を兼ねた地域子育て支援活動にも注目が集まってきている（注2）。

本書では、先ずわが国における子育て支援の理念と目標について国の掲げた方針を中心に展望する。第二に筆者がこれまで活動してきた子育

て支援の実践とその効果を提示し、第三に保育所で行われている子育て支援についての現状調査結果を報告する。最後に保育卒前・卒後教育における「子育て支援」の理論と技術を身につけた保育士養成のためのカリキュラムについて提言する。

第1章

わが国における子育て支援の理念と目標

　2004年、国は少子化対策として少子化社会対策大綱を閣議で決定し、少子化の流れを変えるための4つの重点課題を打ち出した。子育ての支援のための新たな支え合いと地域連携がその1つで、子どものための最善の利益を基本としながらも親の多様なニーズへの対応も考慮されており、親と子どもの両方にとって効果的な支援が求められているのが特徴である。具体的には、すべての子育て家庭が利用できる「身近な場所」に地域の子育て支援の拠点を作り、子どもの育ちの段階に応じた「親と子どもの育ちの場」の提供を勧めるものである⁽¹⁾[1]。地域子育て環境の整備や子育て支援の機能を充実させるために、子育てについての情報交換や交流ができる「集いの広場」や子育てサークルの組織化や育児相談を行う「地域子育て支援センター」などが活動しはじめているが、その場所として、保育所（園）、児童館、学校内の空き教室、公共施設の余暇空間、商店街の空き店舗などが利用されて、実践されている[2]。

　最近では、子どもの発達段階と親にむけた子育て支援講座を企画し、地域の幼稚園や保育所、児童館などで、「育児講座」「親子教室」「悩み相談」など子育てに関連した知識や考え方を学べる学習の場所を設けている。また行政機関や民間の子育て支援団体と連携しながら活動を始めているところも出てきている。また、母親の就労状況に合わせた保育環境の充実に向けて企業内保育の充実など、母親が就労しやすい環境を企業側が提供する機会も増えてきた。

一部の地方自治体では、市町村ごとに「子育て支援総合コーディネーター」を配置し、子育て中の母親の気軽な相談相手である「子育てサポーター」のリーダーになるための人材育成、子育て中の母親たちを会員とする地域における育児相互援助活動を行う「ファミリーサポートセンター」の設置も行われ始めた[1][2]。

　上述の、新たな子育て支援策には子どもの4つの発達段階に合わせたものが掲げられている。

　第1段階は、新生児・乳児期（妊娠、出産から乳児期まで）を対象にしており、出産費用の負担軽減を図り、安心して出産できる環境整備が推進され、子育て初期家庭に対する家庭訪問を組み入れた子育て支援ネットワークの構築である。

　第2段階は、未就学期幼児期で（小学校入学前までの子ども）が対象となり、子育ての喜びを感じながら育児ができるような子育て家庭への支援と地域の子育てサービスの充実を図ることが含まれている。全家庭を対象とする地域における子育て支援拠点作りと待機児童ゼロや小児医療システムの充実も併せて掲げており、行動計画には次世代育成支援対策推進法の改定を参照に、育児休業や短時間勤務の充実や普及、事業内育児施設を含め近隣、地域社会レベルでの子育て支援を地域の力を生かし、子どもの事故防止や就学前教育についても図られたものになっている。

　第3段階は、小学生を対象にしており全小学校区による「放課後子どもプラン」が示されている。登下校の犯罪防止の視点から安全面を考慮することでスクールバスの導入が入り、安全対策を重視した子育て支援を示している。

　第4段階には、中学生、高校生、大学生までを対象にしており奨学金などの奨励や学生によるベビーシッター等、子育ての体験などの奨励が示されている。

　つまり、妊娠、出産から高校や大学に進学するまでの子どもの成長に

合わせた総合的な子育て支援策と地域の役割が掲げられており、妊娠、出生後の育児不安への支援や子どもの育ちの段階で生じる課題や成長に合わせてでてくる問題への対応のみならず、思春期、青年期において親になることを考慮した体験教育を行うなど、将来親になる子どもたちが子育てを充分できるように配慮した取り組みになっている。

　2007 年から、国は地域の子育て支援拠点である「集いの広場」と「地域子育て支援センター」を再編し、すべての家族を対象にした地域子育て支援の推進に取り組みはじめた。全国の児童館 6000 カ所の子育て支援のための整備が決まり地域の子育て支援の拠点の整備が始まっている。児童館における子育て支援の目的は、親同士が支えあい、子育てを学びあう地域づくりであり、子育て支援の活動に根ざした活動を児童館が行うことを重要な課題に掲げている[3][4]。

　2016 年 6 月（平成 28 年）に児童福祉法等の一部改定する法律の理念と概要が示された。その内容は、全ての児童が健全に育成されるよう、児童虐待について発生予防から自立支援まで一連のさらなる強化などを図る児童福祉法の理念を明確化し、母子健康包括支援センターの全国展開、市町村及び児童相談所の体制の強化、里親委託の推進等の措置を講じるものであった。

　改定の概要では 4 項目が明らかになった。1. 児童福祉法の理念の明確化では、全ての児童が健全に育成されるよう、児童を中心に、その福祉の保障等の内容が明確化された。(1) 児童の福祉を保障するための原理の明確化、(2) 家庭と同様の環境における養育推進、(3) 国及び知公共団体の役割・責務の明確化、(4) しつけを名目とした児童虐待の防止である。2. 児童虐待の発生予防では、妊娠期から子育て期までの切れ目ない支援等を通じて、妊娠や子育ての不安、孤立等に対応し、児童虐待のリスクを早期に発見・逓減する、が示されその内容を、(1) 子育て世代包括支援センターの法定化、(2) 支援を要する妊婦等に関する情報提供、(3) 母子保健施策を通じた虐待予防策等であった。3. 児童虐待

発生時の迅速・的確な対応では（1）市町村における支援拠点の整備、（2）市町村の要保護児童対策地域協議会の機能強化、（3）児童相談所設置の自治体の拡大、（4）児童相談所の体制強化、（5）児童相談所の権限強化、（6）通告・相談窓口等が示された。4. 被虐待児童への自立支援については、被虐待児童について、親子関係再構築支援を強化するとともに、施設入所や里親委託の措置が採られることになった場合には、個々の児童の状況に応じた支援を実施し、将来自立に結びつけるとして、（1）親子関係再構築支援（2）里親委託などの推進、（3）18歳以上の者に対する支援の継続が明確化された。2017年4月（平成29年）施行となった改訂事項には市町村の体制強化があり、子育て世代包括支援センターの法定化、市町村における支援拠点の整備、市町村の要保護児童対策地域協議会調整機関に専門職の配置及び研修受講の義務付け、児童相談所設置自治体の拡大が行われた。

　児童相談所の体制強化として、児童福祉司（スーパーバイザー）の研修義務化、社会福祉主事の児童福祉司任用時における講習会の終了要件追加、児童相談所の権限強化等においては、児童相談所から市町村への事案送致、里親委託などの推進では、都道府県（児童相談所）の業務における里親支援の追加、都道府県（児童相談所）業務への養子縁組支援の追加、養子縁組里親法定化（研修義務化、名簿登録）が示された。18歳以上の者に対する支援の継続には、18歳以上の者に対する支援の継続、児童自立生活援助事業の対象を義務教育終了した20歳未満の児童とした。その他には情緒障害児短期治療施設の名称変更、婦人相談員の非常勤規定の削除、母子父子自立支援員の原則非常勤規定の削除、施設入所者等負担金に係る収納事務の私人委託が施行となった。このように児童福祉法改正により、新たな子育て支援事業が実施されるための法的環境は整い始めている。

　地域子育て支援拠点事業に関しては、今までは行政機関が中心となり、法律に準じた子育て支援のための環境整備や関連機関とのネットワーク

作りが勧められてきたが、最近では、民間団体による子育て支援や大学の研究機関による地域子育て支援が始められ各地域で広がっているという現状もある。

　こうした意味において、親子で出かけられ集えるような近隣にあって、専門家の相談員がいる地域教育機関の果たす役割は大きいと言えよう。社会福祉、子ども家庭福祉、看護、教育、心理学系学部を持つ大学が地域の子育て支援のための拠点を作ることは、地域における子育て支援の底上げに繋がる。大学が子育て支援プログラムを積極的につくり、実践していくことが地域子育て支援の役割の1つになると考えられる。

　最近では子育て支援を大学が意識した「子育てカレッジ」という名称も使用されるようになってきた。2008年12月（平成20年）「～子育てカレッジの求めるもの～子育て支援に関するより良い大学・地域・行政の協働のあり方・可能性」というワークショップが岡山県立大学にて開催された。そこでは、岡山県備中県民局局長須田実氏と総社市市長片岡聡一氏による総社市の子育て支援の取り組みの報告がなされた。「大学の地域子育て支援の取り組み」の意義が述べられ、次世代にしっかりと生きる力をもつ子どもたちを育て、その子どもたちの成長を見守れる大人たちの存在と、子どもの育ちを応援できる環境を整えていくための親支援体制の拠点を地域の中につくり、大学がその応援体制を整えること、大学が持つ知力と行政が一体となり総合的な支援の拠点をつくり展開できる場となっている。「地域の子育て支援ニーズと今、何が大学に求められているか」を行政と討論し、地域住民の子育て支援ニーズに則した支援策を考えていくことが子育てカレッジに必要である（注1）。

　今後は、地域と行政が大学と連携し、効率的で高度な子育て支援が行われることが望まれる。今後は、母親同士の横の繋がりを強化し、保育経験者による活動の支援、大学教員による子育て支援に関する講演や事例検討などが必要となろう。こうした活動は地道に継続し育てていくことが大切である。母親も成長することを念頭に、新たな方法施策や対応

を行政や大学の先生たちと一緒に考え、地域の社会資源になっていくことが望まれる。

　地域と大学との連携を考慮にいれ、子育て支援の観点から子どもの健康を守り生活リズムを作る体制作りが、「子育てカレッジ」には求められている。医療系大学では、病気予防にむけた支援子育て支援になるであろうし、福祉系大学では、児童虐待や経済的支援についての助力になれるであろう。心理系大学では発達障害の早期発見に重要な助力になる。地域の力、そこに住み生活する人の力、それを支える行政と「子育てカレッジ」が一体となり協働して子育て支援を行うことが必要である。

　以上を総括すると、この数年で子育て支援の機運は法的にも、行政においても民間においても高まってきたと言えよう。しかし子育て支援のニーズにどれだけ対応しきれているかは明確ではない。

　筆者は子育て支援の重要拠点となっている「保育所の子育て支援機能」に焦点をあて現状調査することにした。すでに全国の保育所では子育て支援が展開されているが、その実態について調査した報告は少ない。第2章では、子育て支援の実践について、取り組みを報告し、第3章では、文部科学省のオープンリサーチセンター助成を受けて実施した「保育所における子育て支援の現状調査」について報告する。

子育て支援の実践

　本章では、筆者が大学関係機関で実践してきた子育て支援の取り組み
について報告する。筆者は地域における保育の場や保育支援する立場で
多様な子と親への支援を経験し、それらが本研究の基盤となっている。

Ⅰ．発達障害児と親への関わり

1．幼稚園・保育所における発達障害児支援

　障害者統合支援法や発達障害者支援法の一部改定 2016 年 8 月（平成
28 年）に伴い、支援形態の変化に伴って、軽度発達障害やそうした傾
向をもつ子どもたちが、一般の保育所・幼稚園に通所する割合が増えて
きた。障害を持つ子どもたちが通常クラスに入り一緒に活動しながら、
参加することはお互いに子どもの発達という点ではよい機会となるが、
高機能広汎性発達障害の場合には、集団活動そのものを苦手とするため、
保育活動場面で、他の子どもたちとうまく適応しないことが多く、こう
した子どもたちについての理解と関りが保育士にとっては重要になって
いる。親にとってもどのように対応してよいかわからないという関わり
の問題や支援が必要になっている。ここでは広汎性発達障害（アスペル
ガー症候群、自閉的傾向、ADHD　LD）を抱える子どもをもつ親に対
して行った支援を報告する。

2．事例

対象児童：男児4歳　年中組　P男
家族構成：父親40代前半　母親30代後半　本児P男4歳　妹2歳
　　　　　4人家族

年中組だが集団行動に参加できず、自分のしたい行動とそのときこだわっている遊びだけを行うことを好んでいた。注意を促す幼稚園教諭には、行動を阻止されたと思いこみ、一方的に激しい怒りをむけて騒ぎ、パニック状態になることが園生活で観察されていた。本児のために、クラス全体で楽しく行っていた活動が突然中止されたり、楽しいはずの活動が続かなくなったりとクラス全体に影響を及ぼすようになっていった。そのため、同じクラスの子どもたちから不満が出はじめ、本児は孤立していった。

①親の関わりと障害についての理解

　父親は、本児の様子をみてもさほど気にすることはなくこのように少し変わった子どもがいても普通であるという感覚で、クラスで起こっている本児の様子を深刻に受けとめていなかった。むしろ幼稚園でP男が活動できないのは、幼稚園側の配慮のなさを訴え、このような子どもは、昔は大勢クラスにもいたが、教員や子どもたちが温かく受けとめてくれた、と語り、P男のような子どもを教員が丁寧にみてくれれば何も問題はないと、対応の不備を繰り返し語るばかりであった。母親は、日々送迎で、本児の様子を心配すると同時にクラスの子どもと保護者にも気を使い、疲れ始めている状況であった。

②幼稚園での出来事

　園の行事で、全児童がホールに集まり話を聞く全体集会があった。こ

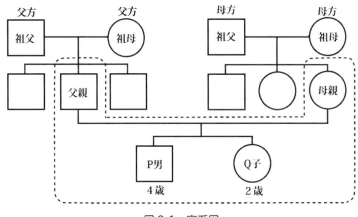

図2-1　家系図

の時は、保護者も参加し、園の大きな発表会で誰もが楽しみにしていた
がこの大切な場面に、本児は極端に嫌がり、ステージで演技している子
どもたちをよそに大騒ぎとなった。歌が途中で中断され、演技をしてい
る子どもが泣き出すハプニングが生じ、一時騒然となった。しかし本児
は悪びれた様子もなく、ステージに上がり、くるくると回り逆に笑いを
とるといった行動をとった。P男より年少の子どもたちは、幼稚園教諭
の指示に従い一定時間いすにすわり、発表会をみることができていた。
このような中でP男の行動は明らかに異なり、年中児が先生の指示に従
えないことに疑問をもってP男を見る子どもが出始めていた。年長のク
ラスでは、この発表会のために何度も練習をしていたが、P男がステー
ジに上がることで、発表がうまくできなかったと思う子どももあり、年
長クラスの親からは、発表会が台無しになってしまったとの意見が多数
だされ、P男の集団生活の参加状況にも限界が生じ始めた。
　母親はこのような行動をとる子どもへの無理解を感じ、肩身が狭く感
じるようになっていた。

③園での対応

　園では、本児の身体は発達しているが、それに伴い情緒の問題が顕著になり、集団活動や遊びでは気に入らないことがあるとパニック症状を起こし、周囲にあわせることができず適応しなくなった、また行事への参加も厳しい状態になったと判断し、園長、主任、担任とP男の現状を両親と面接を行った。園側では、P男は周囲の状況を意識できず、自分のやりたいとおりにしたい、阻止されると阻止した人へ危害を及ぼし、集団の遊びや活動に無理が生じていること、現在の職員数ではP男のために担任を増やすことはできないこと等、園の実情を伝え、どのようにしたらよいか、園自体も困っている旨を両親に伝えた。この状況に対して園は、本児にとって必要な関わりかたや、これからの方向性など考えていることを伝え、今後どのように、本児を見守り対応したらよいか、両親の意見を聞いた。

　本児の行動について、障害の受容ができていない父親は、「昔はこの程度の子どもはどこにでもいたはずだ」と一方的に幼稚園の対応の不備と関わりの悪さを指摘し、不満を述べるばかりであった。

　母親は、園生活で回りにも迷惑をかけており本児にとって徐々に生活しにくい状況になってきているので、よい方法はないかと考え始めていた。

　この時点では両親と園側が一緒に対応を検討できる状況になかった。

④両親の思いとそれぞれの関わり

　父親は、P男の様子を、それはP男の個性であると訴え、集団に入れないことを正当化していた。そして子どもへの理解や対応ができない幼稚園教諭や幼稚園の対応に不満を表していたが、母親は、P男の様子を観察し、P男にとって必要な環境や過ごせる場所を探すことが、P男のこれからの生活には必要であると語り、両親間でP男について、異なった方向性で考えていることが明らかになった。

⑤接点を見出す関わり

面接の留意点

1）幼稚園（幼稚園教諭）は、父親、母親とこれからのことについて話し合うための接点を、両親間で決まったことを受けて対応することが大切である。

2）P男についての園側と親側のそれぞれの見解を明らかにして、それを絞り込んで話し合っていく機会をもつ。

3）父親とは、P男のもつ行動が周りの子どもたちや園にどのような影響を与えるか、またどのような関わりを望んでいるか、できることとできないことについて話し合いをする。

4）母親とは、P男がのびのびでき、安心して過ごせる環境や場所について考えていることを語ってもらう。

5）両親からそれぞれP男について異なる考えや意見が出されたことを受けて、2人の接点として示されるP男の集団行動の参加や活動の内容について、ふれていくことをする。

⑥面接経過

母親　　　　　5回
家族面接　　　3回（父親・妹を含む）
幼稚園観察　　2回（P男の集団活動参加状況）

⑦結果

　両親の間で、それぞれの意見や考えに相違はあったが、P男のことを中心に考え、一番よい方法はなにかについて話合えるようになった。特に父親は幼稚園生活の継続にこだわりつつも、現状では活動に参加できないP男の状況は、幼稚園や幼稚園の先生の対応の不備ではなく、P男のもつ発達上の特徴のためであり、このP男の特徴が、幼稚園生活に強いストレスを感じさせていると考えていけるようになり始めた。そこで

社会性のルールを身につけるために、幼稚園は継続し活動には参加させながら、同時にデイサービスの活動（高機能広汎性発達障害の自主グループ）に参加してもらい、Ｐ男にとっても、規制なく自由に好きな遊びを阻止されることなく長く続けられる環境を用意し、幼稚園生活の中にＰ男も安心して活動できる環境を用意して参加することでＰ男も精神的に安定するようになった。

　１週間のうち３日間が幼稚園で、２日をデイサービスとする併用した参加の仕方がＰ男にとっても過ごしやすい生活環境となり、定着していった。デイサービスの活動では幼稚園で出来なかった遊びを十分時間をかけてすることができたことと、幼稚園の併用を継続することで、集団の中で生活する刺激がある関わりが、負担が少ない状況で得られるようになり、Ｐ男にとって一番よい養育環境が整うことになった。

事例２　ADHD（注意欠陥多動障害）児の保育所での発見

対象児童：５歳　年長　男児　Ｓ男
家族構成：父親 30 代前半　母親 20 代前半　本児　Ｓ男　５歳児
　　　　　３人家族

落ち着いて行動ができず、叩いたり暴力的な行動があり衝動性で危険な行為がみられる。保育活動中集中することができずじっとしていることがない。しかも保育活動中気にいらないことがあると物を投げて大騒ぎし「キレル」状態になる。椅子に落ち着いて座ることができずいつもたって歩き集中力に欠ける。保育士の話しを聞いているようで聞いていない。何度も繰り返さないと理解できず、Ｓ男も強く言われることに反発して暴言を吐き、保育士に向かって叩くなどの行為が見られる。母親についてＳ男同様に ADHD の疑いがあり、Ｓ男の通っている小児保健センターで診断された。

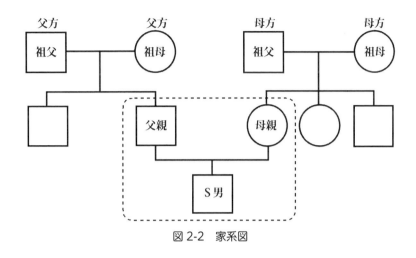

図 2-2　家系図

①親の関わりと障害についての理解

　父親は、日頃のS男の様子をみて、障害についての理解はよくなされている。S男の落ちつきがない様子から、小学校への進学を行うにあたり、担任の話しをよく聞くことができるかと、就学目前にして不安が深まり、S男の将来を心配している。特に同じクラスのL男とは玩具の取り合いで喧嘩をし、「キレル」状態で怒鳴り、体力のあるS男がいつもL男をなぐり怪我をさせてしまう。しかも頻繁に起きており、父親は心配し、このようなS男の攻撃性を抑える方法はないかと思案していた。母親は、S男の様子を「喧嘩っ早い子ども」と捉えており、自分の小さい時よく似ていたことなど、幼少時代の自分とS男が似ていることを話していた。S男に問題があるとは考えておらず、保育所時代はのびのびと遊ぶことが大切と語り、保育所で対応困難になっているS男の行動問題については、深く受け止めず理解を示していない状況だった。

②保育所での出来事

　いつものように玩具の取り合いで、同じクラス男児と取っ組み合いの喧嘩になりS男はL男の顔をなぐり、鼻血を出させ顔に青あざがつい

てしまうけがになった。担当保育士は、喧嘩の原因の理由を聞きながら、S男に人をなぐる行為はよくないとたしなめたが、S男は聞き入れず、注意をした保育士にむかって暴言を吐き、こぶしで殴りかかり唇を切ってしまった。他の保育士がS男の行動を止めに入り収まったように見えたが、降所時に、喧嘩したL男の背後から、路上に突き倒し、車道にL男が飛び出し車に引かれそうになる出来事になった。その状況をみていたL男の母親が、顔色を変えて保育所に来て大騒ぎとなった。L男の母親は腹を立てS男の母親に苦情を述べたが、そこでS男の母親が怒り出し2人の母親が保育所のホールで怒鳴りあいをする大喧嘩に発展した。その場は所長、主任、担任保育士が両方の母親の気持ちをなだめ収まったが、L男の母親が交通事故にあっていれば事件であると騒ぎ出し、S男の行動の問題は、保育所全体に拡大し保護者会でも問題になり、収拾がつかない状況となってしまった。

③保育所での対応

　保育所では職員会議を開き、この出来事とこれからの対応について職員間の共通理解とS男とS男の両親への対応を検討した。

1）父親はS男の保育所生活の様子を理解しており、衝動性や攻撃性を1つの症状として捉え、S男の将来を心配している。このことから、父親に面接依頼を行い、父親の参加の下での話合いを設ける。

2）母親については、S男と同じADHD傾向があることを理解した上で、母親に話すときの対応を考慮する必要がある。S男が怒られたとか注意されたなどその部分だけで捉え、洞察ができない。そのため伝え方として、やさしく穏やかに静かに接し、出来事の事実だけを伝えていき理解を促すことを行う。

3）S男には、小学校進学を目前にして、人との関わりのルールでしてはいけないことや思い通りに物事が展開しないとき、自分

の気持ちが何に不満を感じるのか、どのようなことが原因なのかを聞き、注意する、怒るということよりも静かに穏やかに言って聞かせる対応を行う。

4）保育所としては、Ｓ男だけの行動を一日中見ていることはできないことを両親に伝え、小学校進学にむけて、人との関わりを重点に置き、Ｓ男の「キレル」行動が他の子どもを傷つけるような直接的な関わりになり、それを抑制することが大切であることを繰り返しつたえ、周りの子どもたちや他の保護者に迷惑がかからないように配慮する。

これら4項目について対応を考えることとした。

④両親の思いとそれぞれの関わり

両親間でＳ男を理解する事柄が異なっていることに気づいた。父親は小学校就学前で果たしてＳ男が上手く小学校で人と関われるかどうか、不安を述べていた。しかし母親は小学校に進学したら、乱暴で暴力的な行為はなくなると勝手に思い込んでいた。

両親間で全く男に対する思いや対応が異なっていたことが明らかになった。そこで両親間の大きなずれを扱い、両親が共通理解を持てるよう努めることとした。そして面接では、将来どのような子どもに育てていきたいか、Ｓ男の現実を見つめながら、将来にむけた方向性を見出し対応していくことを試みた。

⑤接点を見出す関わり

母親にとってＳ男の将来どのような人物になるかは関心が深かった。そこで父親と母親2人そろった場面を設定し、2人でどのような子どもに育てて行きたいか、また将来どのような大人になってほしいかなどの話合いが持たれた。

母親は、落ち着いて勉強ができるようになってほしいと希望を述べ、

父親も出来ないことに癇癪を起こさず穏やかに取り組める子どもに育ってほしいなどそれぞれの思いと願いを語った。両親の接点には、将来学校生活を穏やかに過ごし人との関係も築け、できないことを努力して取り組めるようになってほしいと方向性が見出すことができた。

⑥面接経過

母親	3回	
家族面接	6回	
保育所観察	3回	（問題とされる行動を示した後の保育場面）

⑦結果

　S男の症状であるADHDは、保育所場面で展開される「キレル」行為として現れていた。それは母親にも当てはまり、このS男の行動の指導は、同時に同じ特徴をもつ母親へのかかわりかたにも考慮しなければならない課題が保育所側そして保育士にあった。

　特に注意する、叱るという場合には、悪いことの内容そのものよりも、「叱られた・注意された」こと自体に反応してしまうので、行った事柄を理解させる伝え方に苦労した。

　今回保育所内でL男の母親が、ものすごい剣幕で捲くし立てるとそれに輪をかけて怒鳴りだすS男の母親の行動は、その状況だけに反応した行為で、考えや反省が深まらないまま大騒ぎになり、何をしても収拾がつかなくなってしまうことが問題を複雑にしていた。

　保育所は集団生活であり、他の親との関わりを重視して対応をしなければならないが、ADHD傾向のある親の場合、洞察や理解ができないということを十分留意しなければならないと考えさせられた事例であった。

　結果的にS男にとって、なにをゴールにしたいかを両親で確認することができ、S男の行動を通じて保育所と家庭が連携を取り、方向性を確

認し対応することにつながり、一応の対応ができたが、同じ症状をもつ子どもと母親に保育所全体が振り回され、問題が複雑になり対応が難しかった事例であった。

3．考察
事例1・2を振り返ってみて

　障害をもった子どもの母親としてノーベル文学賞を受賞しているパールバックがいる。

　彼女の著書に「母よ嘆くなかれ」があり、障害をもった子の母親の立場から、詳細に心の内が語られ記述している[1]。この著書の中でパールバックは、中国人の看護師に言われた「この赤ちゃんにはきっと特別な目的があること」「あなたのお子さんもまた、どんな人生を送るにしても、生きる権利と幸福になる権利があること」「あなたのお子さんを誇りに思い、あるがままをそのままにうけいれてほしいこと」「あなたのお子さんが、存在目的を果たし、お子さんとともに生きる間に、必ず本当の喜びを見出すことになること」「さあ、頭を上げて、示された道を歩んで生きましょう」という言葉に励まされ、子どもを育ててきた。

　この中国人の看護師が述べた言葉で「このあかちゃんには、きっと特別な目的がありますよ」「さあ、頭をあげて一緒に道を歩んで生きましょう」とする思いにパールバックの保育観と子どもに向けた深い愛情を感じることができる。

　現在障害の中で特に対人関係において集団適応ができない子どもたちが、一般の幼稚園や保育所に入所するようになってきた。このことの利点と弊害についてもきちんと理解をしておくことが今後の課題の1つと考えている。

　特にその子どもの特徴とされる障害についての理解と対応は、受け止める親の理解とその状況、現状把握が深く影響してくる。

　障害児をもったことに対してパールバックも最初は信じられず色々な

医者を訪問し、「障害はない」といってもらいたくて、転々と医療機関を訪ね自分の望む答えを求めてさまよっていたと述べている。しかし結果は一つすべての医者や医療機関で言われることは同じで「あなたのお子さんは、通常の発達はしない」と言われる結果に落ち込み、避けることのできない悲しみに打ちひしがれていると彼女はそのときの心の叫びを語っている。この中で子どもを理解してくれる親切な人たちとの出会い、また真剣に子どものことを考えてくれて関わってくれた人たちに支えられて生きてこられた、と最後に語っている。

「障害ではありません」と言われることを望み続けた結果、「障害をもちながら、生活をして生きて行こう」と変化していることが大きいと感じる。障害をもつことへの理解を示すこと同時に、支えてくれた人たちの存在がやはり大きいことを改めて考えさせられ、心が子どもの育ちや歩みをうけとめていったのである。

実際に高機能広汎性発達障害やADHDについて、上記に症状や特徴を示したが、このような症状をもって集団活動に参加してくる子どもたちも大勢いることを理解しなければならない。そしてこのような子どもたちを扱うには、その障害の特徴と理解と、そして関わる支援のあり方を十分考慮しなければならない。保育活動を行う場合でも、親はどのような気持ちでわが子の育ちや歩みを、通常とは違う育ちを受け止めていけるのか、子どもが背負う問題とどのように向き合っていけるのか、日々の生活の中で障害と向き合い、どのようなところで戸惑い苦慮しているかなど、親のもつ思いや状況に関心をもち理解を深めることが大切な支援の基本になるからである。

支援者には親と共通基盤で話あえる共感性が重要である。親への理解を深めることは、親が深く傷ついている部分にふれることになり、悲しみや怒り、それに伴う葛藤など子どもそのものへの思いをすべて包みこむ包容力が必要になる。通常とは違う子どもの育ちと歩みを、現実として検討しなければならない苦しみや悲しみを受け止めてこそ、親への本

当の支えになり、そこから生まれる絆が子どもをも救う手立てになるからである。充分な慰めといたわりを持ち、保育所の場面で繰り広げられる子どもに課せられた課題に、穏やかに丁寧に取り組むことを親とともにできることが重要であり、その繰り返しを生活の中で行い、喜びとして親に伝え示すことができてこそ支えになると考える。例え生活場面で子どもに問題が生じても、それを一緒に考えていける関係づくりを行うことが重要であり、またどのような対処方法が考案されても、親に向き合うときに心をこめて支える基本をしっかりともつことが重要であり、最良の支援になることを熟知しておくことが必要である。

　日常の保育現場では、日々対応する事柄が多すぎるので、幼稚園教諭や保育士にとって、障害をもった子どもを受け入れながら同時にクラス全体の関わりを把握しクラス運営を行わなければならないことは、二重の負担がかかることも事実である。そのため現場の保育者には、必要以上の労力と忍耐力が必要になってくる。日々の生活の中のクラスを運営では、子どもたちの成長を喜び、課題に取り組むことを応援し促すことをすることで、全体に目をくばりクラスをまとめなければならない。手をかけ、そばに置き繰り返し伝えていても、Ｐ男やＳ男のような子どもたちへの対応は、予想を超えた問題が生じてしまい多々困難なことが多いのも現状である。

　このような中でクラス運営と保育活動を行いながら、保育者は親に子どもの実情を伝えて、保育所と家庭が密に連携を取りながら子どもの育ちや歩みを一緒に考え、良好な保育者と親子の関係をつくることも重要な役割になる。同様に同じクラスの子どもたちやその親にも、クラスの現状を理解してもらうことも重要である。

　この実情を知らない他の親からは、「先生は一体なにをやっているのか」という批判がでる場合があり、担当保育士や幼稚園教諭に対して直接投げかけられる。障害をもつ親と通常の発達の子どもの親の間にはかなりの温度差もあり、同じ目線で子どもやクラスの状況を理解すること

はむずかしい。しかしこの溝を埋めることを行う手立てはあり、クラス担任が意識してイベントや家庭訪問、保護者会で話題に出し関わることで、他の親から協力体制が得られることにもつながる。一緒に子どもの育ちを見守る仲間としての信頼関係を親同士の中で作り上げていくことはクラス運営の上で大きな力になる。

　理解が得られる環境づくりも、保育者の役割に欠かせない事柄と言えよう。そして発達的な特長と障害の行動をもつ子どもの理解と親の理解を広げていくことで、他の親の存在や保育者の関わりが、クラス運営や方向性に良い形で広がり、クラス内の子どもたちにもよい影響を与えることにつながる。

　逆に障害への理解がされず、クラス全体が障害をもつ子どもや親を排斥するような動きがあれば、是非歯止めをし、子どもたちや親に不利にならないように配慮していくこと、また全体の調和を図りながら保育現場と子ども・親の板ばさみにならないように重要なパイプをつくり繋げる役割がある。障害とはっきり診断されていないグレーゾーンの子どもたちやはっきりと診断がなされた障害を持つ子どもたちの受け入れが、保育所、幼稚園でも行われるようになっている中で保育所担当保育士、幼稚園教諭たちが、孤軍奮闘して苦しんでいることも事実である。

　これらの現場の専門職への支援や研修も必要であり、担当している保育者が傷まないように対応するためにも、障害をもつ親との関わりの重要性やまた理解にむけた研修が必要になる。

　毎日自分の行っている保育に自信をもち、落ち込んでしまう環境を作らないことや心のこもった親への関わり方について学んでいくことがこれからますます必要であると考えている。

Ⅱ．被虐待児への子育て支援

１．被虐待ハイリスク児への地域での支援

（１）子育て支援事業を通じての乳幼児虐待対策

　Ｆ県におけるモデル事業として行われた新興住宅地と三世代同居世代地域の２カ所を選出し、半年にわたり３回の親子ふれあい遊び、子どもの行動観察、個別相談を含めた内容を展開し、終了後毎回ケース・カンファレンスを開き、ミーティングの内容や親子の観察の結果を担当者が共有した。特に母親の意向やスタッフによる必要性に応じて育児不安の解消に向けた支援を行った。

（２）リスクアセスメント

　就学以前の乳幼児虐待リスクアセスメント指標を用いた項目である。

　評価項目─子ども・養育状況・養育者の背景としてこれらの質問項目から高いリスク、中くらいのリスク、低いリスクに分類した。また虐待の判断として高いリスクの場合複数機関の判断を目安とした。

（3）乳幼児虐待リスクアセスメント指標項目

表2-1　乳幼児虐待リスクアセスメント指標項目

評価項目　子どもについて	高いリスク	中くらいのリスク	低いリスク
①虐待の判断	複数機関の判断	／	／
②年齢	1歳以下	1歳以上	／
③出産状況	多児	低体重児	問題なし
④分離歴	親子分離歴あり	／	なし
⑤身体状況	骨折、頭腹部外傷	小さい傷がある	なし
⑥ケアなどの状態	ケアされていない	疑いあり	問題なし
⑦発育	－2SD以下の低下	発育悪く成長曲線はずれ	なし
⑧発達	遅れあり	／	遅れなし
⑨健康状態	慢性疾患　障害有	／	問題なし
⑩情緒行動問題	乏しく乱暴多動	親の関わりによる問題	問題なし
⑪親との関係	怯える、怖がるなつかない	左記の傾向有	問題なし

評価項目　子どもについて	高いリスク	中くらいのリスク	低いリスク
⑫虐待行為	行為を止める人がいない	虐待行為の認識	行為を認識し改善する
⑬子どもへの感情	受容がない否定差別	左記傾向有	問題なし
⑭育児行動	体罰医療をうけさせない	育児知識不足	問題なし
⑮子どもの問題認識	認識せず	認識するが育児を変えない	育児を変える
⑯子どもの接触度	在宅観のみ	在宅だが他の大人が有	保育所利用

評価項目　子どもについて	高いリスク	中くらいのリスク	低いリスク
⑰妊娠分娩状況	望まぬ妊娠	若年の母親	問題なし
⑱虐待歴	有／兄弟不審死	過去の怪我／曖昧な説明	なし
⑲被虐待歴	有／愛されない思い	／	なし
⑳精神・性格状況	衝動的共感欠如／危惧	うつの強迫的未熟性	問題なし
㉑問題の対処	解決できず／ストレス解消されず	時々有	問題なし
㉒アルコール・薬物依存	依存乱用（疑い）有	／	なし
㉓家族の問題	夫婦の対立・混乱暴力単親家庭	夫婦間の不満、対立	問題なし
㉔経済状況	苦しい、不安定	時々有	問題なし
㉕生活状況	孤立　親族と対立	友人知人よりサポート有	サポート有
㉖保健師援助受入れ	拒否、訪問できず	受動的	受け入れ有

出典：「乳幼児リスクアセスメントリスト」福島県北部地区保健センター健診グループ（2001）

（4）虐待分類

　　第一群：健康な母子群──子育て情報の提供、自主グループ化、児童
　　　　　　館やボランテイアへの活動、セルフケアの方向で目指す

　　第二群：育児不安群──産後うつ病、マタニティブルー

　　第三群：虐待傾向群──ハイリスクケース及び有害な育児行動

　　第四群：虐待群──児童相談所がキーステーション（福祉、保健、医
　　　　　　療などの地域ネットワークの形成）

　これらの育児不安をもつ母親たちのグループ・ミーティング事業に参加が必要と思われる母子に関しては、事前に地域の保健師のアセスメントを行った。その内容は、保健師が乳幼児健康検査、各種相談回及び保健福祉事務所で行う心身障害児相談、長期療育児相談会及び未熟児発達相談において、保健機関の乳幼児虐待リスクアセスメント指標による事前調査で指標が高く示された母親たちを対象に、グループ・ミーティングの参加を促し支援を行った。

　参加者の対象と方法として、育児不安が強く虐待傾向予備群、実際に虐待の疑いのある群、の第二群から第四群に属し（表2-1 参照）、しかも保健師による事前のアセスメントでスクリーニングされたときにハイリスクが確認された母親に支援を行った。

（5）家族関係や夫婦関係が及ぼす影響について

　参加対象となった母子について家族背景や夫婦関係を照らし合わせて検討を行った。

2．事例検討

事例3

家族構成：父親 30 代後半　母親 30 代前半　祖父 60 代前半　祖母 50 代後半　双児　男児 T 男　1 歳 4 ヵ月　男児 U 男　1 歳 4 ヵ月
　2 人とも脳性麻痺の疑いあり　育児不安　ハイリスク　虐待傾向群及び虐待群
家族背景：農業　地主

　妊娠中妊娠中毒症を患い、しかも双子という危機的な状況の中で、出産予定日より 2 ヵ月早い 1000 g 以下の超低体重児だった。母親は帝王切開による出産であったため母親自身の治療が必要なこと、保育器の養

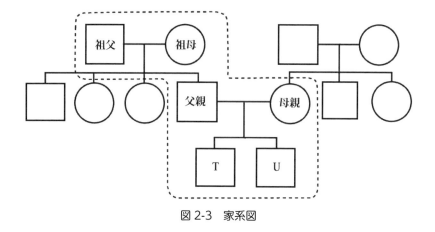

図 2-3　家系図

育となった 2 人の乳児ために、3 ヵ月間病院で生活していた。母乳をし
ぼってあたえていたが、2 人とも体重が増えず最初から育児不安が高い
状況だった。

　婚家先の舅姑や父親は、低体重児で生まれた孫が小さく、あまりの弱々
しさに「弱い子どもを生んだ身体の弱いだめな嫁」というレッテルを貼っ
ていた。双子には、痙攣発作が起き、医師より 2 人とも将来脳に障害を
もつ可能性があると診断を受け、母親は落ち込んでいた。実家に 2 ヵ月
間滞在し婚家先に戻ったが、2 人の乳児は哺乳力も弱く体重が増えない
発達の問題を抱えていた。さらに三世代同居で農家が一番忙しい農繁時
期と重なり姑舅、父親は、母親の育児に手を貸せない状況であった。時
折実家の母親が手伝いにきたが、母親が殆ど 2 人の養育を一人で担って
いた。3 ヵ月健診の様子では育児による身体的疲労に加え、思うように
育たない子どもたちの成長と夜泣きに悩まされ、心理的な負担を強く感
じ、母子関係の緊張が強く示されていた。リスクアセスメントにおいて
も高い指標を示していた。

　1 歳 6 ヵ月健診では、母親は髪を乱し大声で、2 人の子どもたちを怒
鳴り、保健師の前で叩き出した。怒る声の大きさや叩かれて泣き叫ぶ子
どもの 2 人の声で、健診にきていた回りの乳児が、泣き出した。同時に

子どもの発達では脳性麻痺の疑いが有り、障害をもつ可能性ある状況も予測されていた。母親は「小さい子どもを生んでしまった私の責任」と自分を責め、父親も母親に対して、「弱い子どもを生んだ母親」として過小評価をしていた。思いどおりに育たない 2 人の子どもの食の細さや大泣きによる泣き声は、母親の育児不安につながっていた。

　小児科医、臨床心理士、ソーシャルワーカー、保育士、保健師の専門家が、専門分野に分かれ、母親の個別相談に応えたことにより、子どもの療育や子育ての支援方法など将来の方向性が得られ、母親の不安が解消されていった。

　婚家先では、母親の精神状況や育児に悩んでいることなどには気づかず、「弱い子どもを生んだ嫁」と責めていた。特に「障害の可能性」には、将来農業を継げる後継者にならないと不安が大きくなり、家族内でも母親が孤立していた。このような家族環境が、母親の気持ちを萎縮させ不満が言えない状況に追い込まれていた。

　「親子触れあい教室」には姑が子どもたちと一緒に参加することになり、姑、母親が車に 2 人の子どもを抱いてくるようになった。父親は姑、母親、子どもたち 2 人を会場まで車で送迎し、家族皆で育児に関わり参加するように変化した。人間関係の上でも変化が生じ姑と母親が一緒に 2 人の子どもの育児をするようになった [1]。

　この事例では、家族が育児参加をするようになり、家族内で母親を支え、協力的な支援が得られるようになった。「弱い子どもを生んだ嫁」のレッテルから「小さくとも一生懸命生きる孫の支援」に姑や舅が加わり、家庭内の家族関係や生活環境に変化が見られた。歩行ができない 2 人の子どもたちへの療育は、療育センターへ通園が決まり、リハビリのめどがついた。またハイリスクであった母親の育児不安は解消され、精神的安定が得られる中で育児が行えるようになった。子どもたちには変化が見られ、大泣きはなくなり、体重も徐々に増加し始めた。

家族構成：父親 20 代後半　母親 20 代前半　長女 5 ヵ月　W 子

家族背景：妊娠がわかり入籍するが、結婚当初より父親のギャンブルによ
　　る借金で、夫婦けんかが絶えない。そのため母親の不調が続き、切迫流産、
　　切迫早産と入退院を繰り返す状況であった。実家に戻り長女を出産する
　　が出産直後より、涙もろくなるなどのうつ的傾向が出始めていた。退院
　　1 週間目に高熱を出し急性腎盂炎で 2 週間入院をした。母親の体調が回
　　復するまで実家で療養する生活状況だった。父親は何度か子どもを見に
　　きていたが、子どもの出産を喜ぶわけでもなく、母親は父親の態度に腹
　　をたてていた。母親は実家で生活し、父親のもとには戻っていない状況
　　になっていた。

　　妊娠によって入籍、出産にいたっていたが、妊娠経過が悪く、入退院
　　の繰り返しで父親が定職を持たず職を変え、稼いだ金はギャンブルに使
　　い、借金による経済的不安定な生活で母方実家からの援助で生活維持し
　　ている状況だった。子どもの夜泣きがひどく、母親は「ねむれない」不
　　眠に陥っていた。産婦人科医からの紹介で、この子育て事業の参加をす

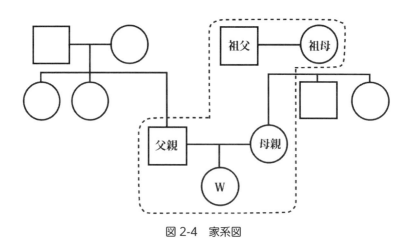

図 2-4　家系図

すめられてきていたが、母親の様子はとても暗く周囲に溶け込んでいなかった。小児科医の診察でも、子どもに情緒的不安定が見られると指摘されていた。

　母親の環境を視野に入れ、産婦人科医、ソーシャルワーカー、臨床心理士による個別相談を行った。子どもの発達と母親の精神不安は母親の精神的不安定さと子どもの情緒が安定しないことに深く関連していた。母親は個別相談でも話をしながら泣いていた。

　小児科医の診断と臨床心理士、ソーシャルワーカーの母親への個別的心理的な支援がハイリスクを回避させた。

3．考察

　育児不安を解消するための事業を地域につくり、専門家による相談と子育て支援、親支援を行うことが、今後ますます増える育児不安の解消に役立ち、また虐待防止への方法になると考えられる。虐待に移行する以前に、連鎖を切り離し、予防していく手立てを考え将来社会を担う健全な子どもの育成を目指し、親支援を行うことが必要である。親支援により家族関係のサポート体制が形成され、母親が精神的な安定が得られると環境そのものが全体によい影響をおよぼし、変化につながっていく。

　母親の精神安定が図られ、よい方向性への展開が見られるがなお虐待を行ってしまう親への支援としては、具体的な形として関わり、しっかりと対応していくことが必要である。

　育児不安から児童虐待へと問題をさらに深刻化させてしまった。これらの事例を通じて反省させられた事柄には、解決策には虐待に移行する前段階で、虐待の芽を摘み取ることが支援として必要である。

　虐待傾向群にあるこれらの事例3は、出産時から低体重児でしかも双児で養育に母親の負担があり、婚家先の家族には協力が得られない中で問題が生じていた。また結婚以前に妊娠してしまった事例4では、家庭生活の基盤がつくれないまま養育を強いられ、精神的不安と育児ストレ

スを抱えてしまっていた。この２例においては１歳６ヵ月健診で、保健師による早期発見が虐待への移行を食い止めたが、養育の問題は母親だけの問題にとどまらず、子どもの心身の発達と情緒的な発達に大きく影響することである。また家族関係や夫婦関係の問題は、母親の精神的な状況に深く関与しており、母親の心の状態が子どもの心と身体に、深く影響を及ぼしていることが窺がわれた。

Ⅲ．国際結婚における子育て支援の実践

１．国際結婚の実態

　厚生労働省 2016 年（平成 28 年）人口動態統計特殊報告「婚姻に関する統計」によると日本の婚姻件数年次推移（夫婦の初婚―再婚の組み合わせ別にみた混人件数及び構成割合の年次推移 2015 年（平成 27 年））の総数は 635,156 件であった[1]。その一方で国籍（日本―外国）の組み合わせ別にみた調査では、夫婦の一方が外国人である年次推移は、2006年（平成 18 年）までは増加傾向にあったが、その後は減少に転じており全体婚件数の外国人である婚件数割合は、2013 年（平成 25 年）以降3.3％となっている[2]。国籍別にみた婚姻では、夫日本人―妻外国人の夫婦別割合では、フィリピン国籍が 1995 年（平成 7 年）には 34.6％ だったのが、2015 年（平成 27 年) では 0.7％ と減っていた。逆に中国国籍が 1995 年（平成 7 年）に 24.9％ だったのが、2015 年（平成 27 年）では38.7％と増加傾向にあった。また妻日本人―夫外国人の夫婦の夫国籍別婚姻数割合は韓国・朝鮮籍が 1995 年（平成 7 年）では 41.0％ だったが、2015 年（平成 27 年）では 25.4％ と減少している[3]。

　東北地方には 1995 年（平成 7 年）まで、農業を継ぐ後継者不足のために外国人の嫁を受け入れる地域があった。しかし来日した女性の大半は言葉の問題が壁になり問題が深刻化する。2015 年（平成 27 年）にお

いては、殆どの東北地方にむけた受け入れが減り、生活に馴染まない状況で抱えた葛藤を相談する友人や知人もなく孤立していき、やむなく離婚していった事例も多くあった。

　本節では、1歳6ヵ月健診の時に発見された育児不安点数の高い外国人の母親を対象に、地域の保健師、小児科医、臨床心理士、ソーシャルワーカー、保育士が連携をとり「親子ふれあい教室」の実践を通して子育て支援を行った結果について報告する。

2．事例検討

　東北地域A県B地区で定期的に行われる1歳6ヵ月健診の際に、国際結婚して日本で生活を営み出産経験のある母親を対象に、2000年（平成12年）度厚生科学研究結果を参照にして作成したアセスメントシートを配布し、育児不安と虐待傾向について調査を行った。

　アンケート調査には、保健師による質問に母親が簡単に答えてもらう方法をとったが、言葉の問題などで聞き取りが難しい場合は、同居している家族の協力を得て調査を実施した。（調査期間2002年10月～2003年3月）

　アセスメントシートで5点以上を示した母親を「育児不安群」、8点以上を示した母親を「虐待傾向群」とし、この2つのグループに当てはまる母親に対しては、小児科医、保健師、ソーシャルワーカー、保育士、臨床心理士がチームを組み、親子交流を深め親同士の関わりを促進するための「親子ふれあい教室」への参加を促した。そこでは主に、日本人親子との交流、個別相談を行った。ここでは国際結婚した外国人の母親が抱える問題とその支援について3事例を紹介する。

対象者：夫Ａ男42歳（農業）、妻Ａ子21歳（フィリピン人）、長女１歳８ヵ月、
　　Ａ男の父60歳後半、Ａ男の母60歳前半の三世代同居５人家族である。
　　育児不安得点は６点で育児不安群であった。

　　Ａ男は長男であり、中学卒業後、後継者として代々の家業である専業
農家を継いだ。Ａ子とは結婚斡旋業者を通じて知り合い、見合い結婚を
した。見合いで知り合ってから３回目で婚約、Ａ子は結婚前に妊娠した。
Ａ子が日本にきた当時は、ほとんど日本語を話すことが出来ず、使用言
語はタガログ語と英語であった。子どもが生まれてからは、日本生活を
楽しむようになり、ショッピング、カラオケと、遊び歩く生活を送って
いた。子どもの養育は、Ａ男の両親が中心となったが、嫁のショッピン
グやカラオケなどの支出が増えるようになった。Ａ子は農業には興味を
持たず、農作業など人手が必要なときでさえも手伝うことはなく、流行
の服を着て遊び歩く毎日であった。しかしフィリピンにいる実父母への
送金を欠かさず、銀行通帳を作り月々の送金をしていた。支出が多いこ
とについてＡ男の両親とＡ男が問いただすと、逆に感情をあらわにし
て怒りだし、家族関係はぎくしゃくした。Ａ男もＡ男の両親も、外国か
ら嫁にきてもらったという罪責感があり、Ａ子の思いのままにさせてい
た。言葉の問題のためＡ子と家族とは充分にコミュニケーションができ
なかった。

　　１歳６ヵ月健診の時にＡ子と子どもが地域の保健センターを訪れた。
そこで、保健師は感情的に子どもを大声で怒鳴り叱るＡ子の様子を発見
した。アセスメントシートの結果とＡ子の様子から、子育てに問題があ
ることを理解しＡ男の両親と相談しＡ子と子どもへの支援を行うことに
した。

　　Ａ子は「育児不安群」に入っていたので、育児に慣れてもらうことを

目的に、親子ふれあい教室に参加させることを検討した。同年代の日本人母との出会いや、日本の親子関係を学ばせることが目的であった。月2回開催される親子遊びに参加し、日本人の母親との会話を身振り手振りで行うなど、参加者とのコミュニケーションは次第に増えていった。日本のわらべ歌や童謡を口ずさむなど歌遊びを楽しむようになった。A子は歌が好きで日本の童謡が気に入り、季節の歌や手遊びに興味をもち、子どもと一緒に楽しむ姿がみられるようになった。家ではA男の両親に日本の歌を聞くなど、次第に家族関係に変化が見え始めた。

　A子が覚えた歌を家族内で歌うことでコミュニケーションが増え、子どもに対する態度も和らぎ、家族関係にも変化が見え始めた。A男の母が一緒に親子ふれあい教室に参加し、嫁姑の関係に変化が見られはじめた。またA男も車での遊び教室への送迎などを通して子どもとの関係性が深まった。

　筆者は、家族との個別相談を行った。最初は、経済的問題についての相談であった。子どもに必要となる教育費、A子の実家への送金額、A子が使う金銭面など家計についての収入と支出を家族全員の前で提示し、1年間の収入とそれにかかる経費やそのためにA子は何をしなければならないのかを明確にした。送金額については月の額を決め、自分の自由になる金額と子どものために必要な支出を明確にして、経済観念を持ってもらった。1年後や2年後の家族の将来像について話してもらい、具体的な未来イメージを家族で共有できるように配慮した。家族の経済状態を理解したA子は農業の手伝いをするようになった。また、A男の母にはフィリピンの歌を教え、フィリピンで食べる家庭料理も食卓に並ぶようになった。A男がカラオケセットをA子の誕生日にプレゼントした。次第に、買い物もA男と一緒にでかけるなど家族3人の時間が持てるようになり家族としてのまとまりが育っていった。

事例6　日系ブラジル人の妻への子育て支援

対象者：夫Ｂ男 38 歳（農業）、妻Ｂ子 30 歳（日系ブラジル人）　長男 1
　歳 10 ヵ月、Ｂ男の父 60 歳前半　Ｂ男の母 50 歳後半の 5 人家族である。
　結婚斡旋業者による見合い結婚であった。育児不安得点は 7 点で育児不
　安群であった。

　　Ｂ子は明るい性格で、日本語をある程度話すことができた。外見は日
本人と変わりなく、嫁ぎ先のＢ男の父母や夫と一緒に上手に生活してい
るように見えた。Ｂ子の祖父はブラジルに移民した日本人であった。そ
のためＢ子は日本の生活や文化について、ある程度は理解しており日本
の生活に興味も持っていた。日本の経済状況や生活状況を祖父から聞き、
日本を理想化し希望をもって日本の農家に嫁いできた。しかし育児方法
や対人関係のとり方、地域とのコミュニケーションの方法が母国とは異
なり、自分の意見をはっきり言うことができなかった。次第にＢ子は家
族に不満を募らせていった。Ｂ地区にはＢ子と同じ外国人嫁が数人生活
していたが、フィリピン国籍、韓国籍、また中国国籍出身であったため、
ポルトガル語は通じなかった。そのため他の外国人嫁たちから孤立して
いた。Ｂ子は、子どもの意思を尊重することが重要視されているブラジ
ルの子育てとの違いに悩んでいた。それでもＢ子は、Ｂ男の母の子育て
方法を手本にしなければならないと思い、最初はそれに従っていた。し
かし自分の考えと違った育児を行うことに対して、Ｂ子自身は強いスト
レスを感じるようになっていった。
　　1 歳 6 ヵ月健診の際に保健師がＢ子の問診を行っていた時、突然Ｂ子
が泣き出した。それまでＢ子が我慢していた日本生活での不満や悩みが
初めて表された瞬間だった。保健師から筆者に連絡があり、Ｂ子の継続
的な面談と子育ての仲間づくりを支援して欲しいと依頼があり、母親の
相談を引き受けることにした。Ｂ子は、子どもの成長について「このま

までは、はっきりと物事を表現できない子どもになってしまう」と心配を述べた。筆者は、B子が同年代の日本人母との関わりが持てるように配慮し「親子ふれあい教室」への参加を促した。

　B子はB男の母親と一緒にいることが多いため、短時間でもB男の母親から離れ、B子自身が解放される時間をもつことが大切と考えた。B子は抵抗なく子どもを連れてきて、日本人母と一緒に遊びに参加し、日本人の母親たちからすぐに受け入れられた。親しみをもってグループに参加し、他の母親との関係が深まっていった。ブラジルの「おやつ」の紹介は、日本人母たちとの関係を深めるきっかけとなり、多くの日本人母たちとのふれあいや関わりが密になった。B子はブラジルの文化を日本人母に伝えるなど、互いの家を行き来する関係が出来上がっていった。またB地区のボランティア活動などに参加し、廃品回収、地域の清掃など家から離れた活動に広がっていった。面談場面でのB子は愚痴を言うことがなくなり、会話は日本の生活を楽しむ内容に変わり表情も明るくなった。

　B子は、最初から簡単な日本語での会話ができたこともあり、日本人の母親と付き合い通して言葉も不自由しなくなっていった。また母親たちとの会話で、悩んでいた嫁姑問題は国籍を問わずあること、子育てでは一人ひとり違っているがみんな悩みは同じであることを知った。B子は自分の子育て方針を姑に話してみると筆者に語った。日本人の母親たちにすっかり打ち解け、ブラジルの郷土料理をつくり紹介するなど交流が始まり、ブラジル文化を日本人の母親たちに伝えるようになった。B男の母とB子の関係は改善し、食卓には、ブラジル料理が並ぶようになっていった。家庭の中では日本語とポルトガル語と両方が飛び交うようになり、母親は自信をもって子育てするようになった。

　B子は自分の体験を生かすために、国際結婚をして悩んでいる女性のための通訳としてボランティアで関わりたいと考え始めた。現在B子は国際結婚に悩んでいるブラジル人女性の支援をしている。

対象者：夫Ｃ男30歳（農業）　妻Ｃ子25歳（中国人）長女1歳9ヵ月、
　　　Ｃ男の父50代半　Ｃ男の母50代前半　5人家族である。育児不安得点
　　　は8点で虐待傾向群であった。

　　結婚の経緯は、結婚斡旋業者による見合い結婚である。Ｃ夫は中国
国籍の女性を嫁として迎えた。隣家にも外国籍の女性が在住していた
が、国籍が異なることを理由にＣ子は全く交流しなかった。Ｃ子は来日後、
自宅から外にでかけることがほとんどなかった。Ｃ子は日本文化や生活
習慣を獲得することに消極的で、馴染もうとはしなかった。日本語は片
言の単語しか話せなかったためＣ男との会話も殆どなかった。Ｃ男の母
が日本の料理や農作業を教えようとすると、表情を硬くし押し黙ってし
まうことが多かった。その反面、家族内で話しをしていると突然大声で
泣きだし怒鳴りだすなどＣ子の感情は不安定であった。Ｃ子の感情の変
化に家族が対応しきれない状況が続いた。子どもが生まれてからＣ子は
殆んど子どもと一緒に2人で部屋に閉じこもっていた。他人とはコミュ
ニケーションが取れない状況で家族も困っていた。
　　1歳6ヵ月健診には、Ｃ男とＣ子、Ｃ男の母と一緒にきていたが、子
どもはＣ子のそばを離れず不安げな表情を見せていた。遊びにも集中せ
ず常にＣ子のそばに居て、Ｃ子も不安な表情をしている様子が観察され
た。子どもの言葉の遅れとＣ子の孤独を心配した保健師より筆者に連絡
が入り、「親子ふれあい教室」に参加させたいと申し出があった。筆者は
Ｃ子宅に電話を入れた。電話にはＣ男の母がでてＣ子への関わりについ
て困っていることが延々と語られた。筆者との面接はＢ地区保健センター
で行った。面談は家族を含めて3回行った。
　　初回面接は、車でＣ男の両親がＣ子と子どもを車にのせてやってき
た。Ｃ男の両親、Ｃ子、子どもが一緒にきたことでそれぞれの思いを家

族メンバーから聞くことができた。Ｃ子は、筆者とＣ男の父母が話している様子を伺い、絶えずこちらを気にしていた。Ｃ子の表情は硬く緊張し、時折にらむようにこちらを見ていたのが印象的であった。子どもはＣ子の表情を見て、びくびくした様子でＣ男の父母とＣ子との間を行ったりきたりしていた。Ｃ子は日本語を理解できずにいたが、自分のことを話している雰囲気や様子は感じていた。1歳9ヵ月の子どもの方がＣ子より日本語を理解していた。3回目にＣ男が面接に参加したが、Ｃ子はＣ男と目をあわすことがなく夫婦間のコミュニケーションに問題があることが窺われた。Ｃ男はＣ男の父母にＣ子が関わってほしいと希望を述べたが、Ｃ子は黙ったままで、子どもの遊びを優先しＣ男に背をむけていた。

　Ｃ男の母は、「子どもの将来とＣ子が心配である」と繰り返し語った。Ｃ男の父は、「Ｃ男との会話がない」と語り夫婦関係の改善を望んでいた。子どもとＣ子の遊びは、ままごと遊びであったが、Ｃ子の表情は沈んでいた。子どもがＣ男の父母のそばによるとＣ子は大声で子どもの名前を呼び、そばにいるように子どもにうながした。子どもはＣ子の様子を察し、Ｃ子の意向に添うように動いていた。Ｃ男の父母はその様子をみて、ため息をつき「いつもこのようにして子どもが自分たちと接触するのを拒むんです」と不満を語った。

　Ｃ子と子どもに「親子ふれあい教室」の参加を促した。Ｃ男が車でＣ子と子どもを送迎し2回だけ来ることができた。しかし、最初から親子2人だけの関係を保とうと固執し、集団あそびが始まっても背を向け部屋の隅で絵本や積み木で遊びを続けていた。活動中に食べるおやつにも興味を持たず他の母親から誘いも断っていた。子どもは押し黙ったままＣ子のそばに立っていた。筆者との相談もキャンセルすることが多く、早々に帰ってしまうため関わりが築けずにいた。筆者が意図的に話しかけると迷惑げに簡単な言葉で断り続けた。

　筆者は2度自宅を訪問した。1度目の訪問ではＣ子は出てきて挨拶はするものの、すぐに部屋に入ってしまい話ができずに終わった。ほとん

どC男の父母とC男からの相談で訪問は終わった。C子が最近は食事をとらずに寝ていて様子がおかしいとC男の母が電話をしてきた。2度目の自宅訪問を行いC子の様子を確認した。C子は布団をかぶり無言でうずくまっていた。その様子から精神的問題を疑い地区担当の保健師に状況を話した。保健師より精神科クリニックが家族に紹介された。C子は精神科クリニックを受診した。そこでは、うつ状態と診断され投薬治療を受けた。次第にうつ状態は改善し家族はC子の希望を尊重し中国に一時帰国させた。しかし予定の3ヵ月が過ぎても帰国せず、C子の希望で1年後に離婚となった。

　現在C男の父母とC男、本児の4人で生活をしている。子どもは落ち着きを取り戻し、言葉の遅れも改善した。C男の母は、C子に関して「日本に馴染まらずに帰国したことをとても残念に感じている」と語り、C男は「子どもを残して中国に戻ってしまった」と国際結婚の難しさを筆者に語った。しかし後継者である子どもが健康に成長し、言葉の遅れも改善され、家業の農作業もよく手伝い子どもの将来が楽しみだとも語った。

3．考察

　王（2005：35）の調査によると、中国国籍（大陸）の場合「十分な日本語を習得せずに来日する「言語の問題」と、日本の農村の生活環境そのものを理解していないといった「現状認識の問題」があること」が明確にされている[4]。また外国籍の花嫁を受け入れる農村地域に対しては「外国籍の女性を支える受け皿がない」ことが課題とされている。これらの問題の背景があるため、充分な準備や支援がなく結婚生活を送った場合には破綻が生じるのである。実際、王（2005：40）は「1年から3年未満の離婚率の高いのは農村地域に嫁いだ女性であること」を指摘している[5]。このことは外国人嫁が妊娠や出産を迎える段階で、それまで表面化されなかった問題が顕在化するとも考えられる。農村地域では日本の生活習慣を重要視する傾向が強く、特に冠婚葬祭などは家族にとっ

て重要なイベントになる。しかし彼女たちは、このような日本文化、風習、伝統を十分に理解する機会を与えられていない。突然、異文化に放り込まれた外国人嫁は、嫁ぎ先の習慣や風習に強い抵抗を持つことにもつながる。すぐには日本の生活習慣を受け入れることが出来ず、周囲から孤立している外国人嫁が多いと考えられる。又外国人嫁と日本家族との間には、母国への仕送りをめぐり、金銭に伴う葛藤が生じることも多い。日本人同志の結婚では、実家に送金するという感覚がなく、その金額についてあらかじめ話合うということもない。しかし彼女たちの大半は母国への仕送りを前提とした上で来日しているのである。受け入れ先の家で、金銭的問題についての十分な話し合いがなされない結果生じたトラブルであることに気づいていない。わずかな仕送り金でもそのことについて話し合いが十分に行われていないことで、互いの不信感がつのり家族関係の溝を深めてしまうからである。

　「言語の問題」をどのように解決するか予想以上に難しい。彼女らがもつ疑問や質問など関して、納得のいく返答が得られない場合夫に向けた不満が高まることが示されている[6]。

　東北 C 県 D 地域における高木や松本（1997：32）の調査によると、「東北 C 県内では 1992 年以来中国国籍（大陸）の女性が 5 倍と飛躍的に伸び、韓国国籍と差異がなくなってきた」ことが明らかになった[7]。結婚方法は結婚斡旋業者による見合いで、恋愛に移行し結婚に至っている。そして高木や松本（1997：52）は「8 割が日本人男性の親と同居し、7 割が中国国籍（大陸）とブラジル国籍の女性である」と示している[8]。また彼らの調査（1997：54）では、「同居している家族や夫婦間の会話は、「日本語だけで話す」が最も多く、夫婦や家族間でも、日本語を優先して使い、外国籍の女性（妻）が日本人男性（夫）に合わせて慣れない日本語を使い、日本語だけによる会話がかなり彼女らの心理的負担を表している事実」を指摘している[9]。これらの調査は、上記した王の調査（2005：43）[10] と同様に「（言語の問題）がコミュニケーションの重

大な壁になり、夫婦間の意思疎通がしにくい（母国語で話せる機会がない）など、彼女たちの思いが伝えられない環境をつくっている」と解釈できる。また国際結婚をしている日本人男性（夫）は、（後継者をつくってくれる、親の面倒をみてくれる）ことを意識しているが、「外国籍の女性（妻）は、（後継者をつくる、親の面倒をみる）ことについてはあまり意識せず、互いの認識状況にズレがある」と互いの価値観のずれが窺がわれる。

　古子（1991：140）は、国際結婚について「メリットとデメリット」を次のように述べている[11]。メリットは、結婚相手（配偶者）を通じて、異言語、異文化理解が深まり子どもがバイリンガルでバイカルチャルを持った国際人として育っていることである。しかしデメリットとして、異言語、異文化がどうしても理解できず結婚相手（配偶者）との意思の疎通を欠き、相互に互いの文化に馴染めず、古子（1991：144）は子どもが二言語、二文化の中で揺れ動きはっきりとした国籍のアイデンティティが確立されないなどを上げている[12]。また桑山（1995：45）は、国際結婚では対人関係からくるストレスが大きいことを示している[13]。いままで育った環境とまったく異なる人間文化社会のなかに身をおくということ自体、その人を取り巻く人間関係そのものが最大のストレスを招くと捉えているからである。

　子どもと家族に関する国際比較調査（1996：178）では、「日本では後継者をつくる、家の存続のため、次の世代をつくる、家族の結びつきを深める、老後の面倒を見てもらうことに育児の意味と役割や価値を置いている」。しかし北米では、子どもの意見を尊重し話し合うことに重点を置いている。事例6では、ブラジル生まれの母親が自ら感じた子育ての価値観が日本の子育ての価値観と異なり葛藤を引き起こしたのである。

　以上の経験や文献をふまえて国際結婚の場合の支援のあり方について考察する。

（1）言葉の壁の解消にむけた取り組み

　嫁ぐ前に結婚の目的を確認する作業が重要だが、3事例とも互いの生活認識のズレを抱えたままに結婚生活をスタートさせている。そこには互いの目的や役割、そして思いを語りあえない「言葉の問題」が存在している。

　事例5では、農業や家業を伝えようとする家族に対してそれには興味を示さず、自分の楽しみを満喫し、仕送りをする外国人の嫁との認識のズレがあった。嫁は、家の継承や跡取りを育てることを充分に認識しておらず、家族からは嫁の行動に不満が示された。そしてこれらの問題を解消させていくための方法を見つけることが言葉の壁によって出来なかったのである。しかし日本人の母親たちと接することで、言葉習得のきっかけをつくり、家族関係を修正することができた。

　事例6については「親子ふれあい教室」から交流が展開し、家同士の訪問が出来るようになり片言の日本語でのコミュニケーションに自信を持っていった。日本人の母親から温かい声かけをもらうことを通じて、母親同士の付き合いができるようになった。互いに気持ちを伝えようとすることや覚えようとする気持ちが、言葉の壁を取り除くきっかけとなった。

　事例7は、嫁と嫁ぎ先の認識のズレが大きい状態で婚姻に至っている。今回の面接では明らかにならなかったが、嫁は積極的に日本語や生活風習を学ぼうとしなかった。地域の中でコミュニケーション出来る人がいないためにうつ状態に陥り、不適応状態のままに帰国したのである。

　言葉の壁を解消するために地域はどのような支援をすべきであろうか。外国人嫁を受け入れる地域は、外国人嫁の母国語でコミュニケーション出来る支援員を配置し、通訳を置くといった対応が必要になろう。また嫁を受け入れる家族側も、嫁の母国語について学習するなど、自らが嫁の文化にも交わろうとする姿勢が大切である。事例5や事例6がうまく適応できたのは、家族メンバーが嫁の持ち込んだ母国の言語や文化、子

育て観について理解するように変化したからであろう。

　以上の経験や文献をふまえて、国際結婚の場合の支援のあり方を述べる。

（２）精神的支援の体制作り

　外国人の嫁の多くは、自ら育った育児観や教育観をもっているため、日本の育児方法や教育観に直面するとカルチャーショックの状態になる。つまり自国の文化と日本の文化の中で板ばさみになっているのである。事例６の母親は、解決する手段をもたず一人で精神的な支えが得られない状況に置かれていた。カルチャーショックは、少なからず異文化をもつ外国籍の女性にとっては体験される。同時に自ら育った母国で自ら受けた育児方法と日本の育児方法の違いに戸惑いを感じ、相談相手もなく孤立し不安を抱えてしまうのである。外国人嫁にとっては、見知らぬ国へ来て新しい家族関係をつくり、その間に日本の文化や習慣を会得しなければならないなど、計り知れない苦労が窺える。日本に根付き生活を安定させていくためには、彼女たちが安心して生活が営める支援体制を作っていくことが必要である。事例６の母親は自分の体験を生かし、自分の後に続く女性たちのためにボランティアで言葉の問題を含めた外国人嫁を支える支援体制を作ろうとしている。このように日本社会への適応に成功した外国人の嫁へのピアサポートも今後は重要な役割を担うであろう。

　外国人嫁を受け入れ、日本の農村を支える女性、妻、母親として生きていくためには、国や地域として、将来の展望を見据えた取り組みが必要である。そのためには、子育て支援体制を充実させていくことが効果的であろう。特に外国人の嫁の場合には、日本人の母親たちとの交流が促進されるような「親子ふれあい教室」などの活用が有効である。

　事例７で示されたように母国への親和性が強く、日本の生活習慣や家庭の役割など馴染もうとしない嫁も数多くいる。彼女らの多くは異文化の中で多大なストレスを体験することになる。筆者が関わった３事例は、

保健師により子どもの発達検診で発見された育児不安を抱えた事例であり促診で早期発見されたものであるが、今後は発見されない事例をどのように掘り起こして支援していくかが外国人の嫁を迎える地域の課題として残されている。

（3）ソーシャル・ネットワークの整備

　医療における多文化ネットワークシステムとして桑山（1995：134）は４項目を示している。１つ目は多文化における外来の充実（保健点数医療の枠組をつくる）、２つ目には、外国人医療情報センター（NGOの取り組みの充実）、３つ目にコ・メデイカル・ネットワークとして医療通訳の派遣、育成、地元保健師とのつながり（FAX通信の充実）、行政とのタイアップ事業として母国語による健康相談、医療通訳養成講座を上げている。また桑山（1995：140）は４つ目に「ノン・メデカル・ネットワークで日本語教室からの情報、各種交流団体からの情報、各国の出先機関との情報交換である」ことを述べている。桑山（1995：140）のこの視点は、子育てをする外国人嫁にも適応できる[13]。

　桑山（1995:196）は、「配偶定住者の問題を、嫁いでから５年目までと、５年以上、子どもが就学するころの大きく３段階に分類している」。最初の５年までの主な問題点としては、ホームシック、異文化間摩擦、相互不理解、家族内葛藤で、そのための支援として日本語習得援助、外国人医療、保健の保障、夫や日本人家族のための多文化理解講座などが大切だという。また嫁いで５年以上の場合の主な問題点としては、社会での役割が増加し人生上の移住者としてアイデンティティを模索し始める（移住者のアイデンティティの問題を積極的に家族が真剣に取り組める状況を作る）、更に子どもが就学するころには、子どもの教育、いじめ、祖国の両親の加齢、病気、死亡など主な問題点が示される。

　これらの対策としては自助組織への模索として、物質的な支援よりも社会的、精神的支援を行うなど自立への道に結びついた対応、いわゆる

開き直りとして嫁と、家族両方への関わりとして出来ること出来ないことをはっきりさせることである。また子どもを介した家族の取り組みや夫の精神的自立を促すことを含め、彼女たち自身がなぜ日本（地域）に自分が住みたいのか、家業を継承する理由などこの生活の中で人生の目標はなにかなど答えを見出していく努力が必要であると述べている（桑山（1995：200））[13]。

　電話相談を活用することも重要である。民間組織であるＣ県にある外国人医療情報センターへの電話相談では、外国人女性と結婚した日本人男性（配偶者）およびその家族からの相談が３番目に多いと報告されている。配偶定住者である外国人の嫁が悩んでいると同時に受入先である家族も悩んでいる場合が多いということである。東北地区においては家業が農業後継者の場合、代々三世代同居の家族形態をとる家族が多い。しかも大きな家で後継者である長男には結婚後も同居を望む傾向が強く、結婚後は親との同居が始まる。しかし若い女性（日本人も同様）は、夫との関係を邪魔されずにいたいと考え、夫の親との同居を嫌がる。同時に夫が母親と強い依存関係がある場合、別居を望むのは自然である。

　外国人の嫁と姑の家族関係に悩んでいるのは本人や夫だけではない。３事例とも外国人の花嫁を抱えた家族は、夫のみならず、他の家族メンバーも、彼女たちへの対応に苦慮している実態が示されていた。外国人の嫁を迎えた家族を援助するためのソーシャル・ネットワークの整備が必要である[14]。

４．まとめ

　日本の農村部では、農業の後継者として外国から嫁を迎えることが増えている。精神的準備がないまま嫁いだ嫁には不適応を起こす事例が少なくない。外国人嫁の多くは、日本に憧れ、豊かな生活ができる日本で暮らせることを願って日本に嫁ぐが、生活する中で言葉の問題、生活環境の違い、子育て方法などの違いに直面する。やがて自国で体験してき

たこととの違いに対しての現実検討を強いられる。しかも嫁ぎ先は三世代同居家族であることが多いため、家族の中でも孤立しやすい。言葉の壁に阻まれ、意思の疎通ができない家族関係の中で思いが通じないこと自体がストレスになる。家族も生活背景の異なる外国人の嫁の行う行動や言動を理解することが出来ず、徐々に家族には不満と結婚事態への疑問が生じ始める。家族の中で困惑する外国人の嫁には、具体的支援が提供されにくい。そのため問題が深刻化してしまう。家族として外国人の嫁を受け入れ、言葉の壁を超えて互いに向き合い、家族を新たに作り上げていく作業を円滑に進めるための支援策が今後は必要になろう。

　家族全体を支え、外国人の嫁が安心して子どもを生み育てていける家族関係を作り上げる支援体制が望まれる。農村地域に外国籍の女性が嫁ぐことで、後継者を生み育てるなど婚家先の目的や役割が達成されるが、外国籍の花嫁の定着率を高め、外国籍の女性が安住し家庭生活が営める子育て支援へのシステム支援をつくることが課題であることが示された[14]。

Ⅳ. 親子ふれあい教室
―問題の早期発見と早期介入のために―

1. 子ども・家族支援センターについて

　高崎健康福祉大学では、2006年4月に文部科学省よりオープンリサーチセンターとして助成金を受けて「子ども・家族支援センター」を開設した。開設当初より本学センターに寄せられる相談内容は、子育てに関する相談が大多数であった。これらの相談を持ちかけてくる母親たちの多くは、悩みを話せる相談相手が周囲におらず、友人や知人がそばにいない第1子を抱えた母親たちであった。母親たちは初めての出産、子育てで慣れない育児に不安を抱えており、孤立した環境に置かれていた。

母親たちの相談内容の大半は、「子どもとどのように関わってよいかわからない」「子どもと遊べない」「泣かれると困る」「自分と子どもとの関係がうまく築けない」「子どもが自分の思いどおりにならない」「発達が遅れているのではないか」など、子育て関する不安と同時に、母親自身の気持ちが不安定な状況に陥っていることが、母親たちの言葉から理解することができた。

　筆者は、こうした母親たちの相談に寄せられる解決方法の検討を開始した。最初に母親たちからの相談と解決方法及び要望に応じるために、センター独自の子育て支援プログラムを作成し、親子遊びの実践と育児相談を組み合わせた子育て支援を計画した。次に本学センター室内に、親子ふれあい遊び、グループワーク、家族療法を行えるワンウェイミラーとビデオモニター（DVD録画機能）を設置した部屋を設けた。そして児童福祉教育の一貫として、学生（短期大学生・大学生）をボランティアとして参加させることにした（注1）。個別支援が必要な親子には、「親子ふれあい教室」への参加と並行して、母親との専門家面接、子どもへの箱庭療法や遊戯療法を提供することを行った。

（1）「親子ふれあい教室」について

　母親が抱えている子育て不安の問題には、「親子」を視点に入れた対応が必要であると考え、親子のふれあいを促進するための「親子ふれあい遊び」と親自身の育児不安を解消するための「相談機能」を組み合わせた支援プログラムを考案した。

　地方番新聞の広告欄や地元ラジオ・テレビ放映を通じて「1〜2歳児の子どもとその親」の参加を募った。予想以上に申し込みが多く毎月第1木曜日、第3木曜日をAグループ、第2木曜日、第4木曜日をBグループとして、2グループに分けて活動を開始した。1グループあたり5組から6組の親子が参加した。

　継続活動を行うために、5回を1クールとした。そして各回で個別の

テーマを設け、親子ふれあい遊びを行った後にグループの相談に応じる体制を作った。相談員は小児科医、精神科医、精神保健福祉士、保育士等有資格者である本学教員が担当した。

　また学生の教育目的を兼ねて短期大学部児童福祉学科から、子育て支援に興味ある学生やゼミ生をボランテイアとして参加をさせ、将来職場で役立つ子育て支援の教育効果を期待した。「親子ふれあい教室」では、母親は子どもと一緒に、他の親子たちとふれあうことが出来ると同時に、悩みや不安について専門家から助言が受けられる事を喜んでいた。ふれあい遊びの内容は、20分から30分程度、最初に自由遊びを行い、その後はスタッフが企画した遊び（母親が子どもを膝にのせて、軽くゆすりながらふれ合う歌遊び、手をつないで歌う体験など、簡単な遊び）を提供し、家庭に帰っても親子で遊べる遊びを取り入れた。グループごとのきずなを高めるためにスタッフの紹介（学生ボランティアを含む）と親子同士の自己紹介を行い、参加メンバーの親密性を高めるように配慮した。

　スタッフが企画したふれあい遊びのテーマは、①親子で行う手遊びと歌遊び、②親子で作ろう（制作遊び）、③楽しい音遊び（音楽リズム手づくりリズム楽器使用）、④親子で描こう（画用紙とクレヨン使用）、⑤お店屋さんごっこ等を活動にいれた。活動終了後に、相談員が入った形の相談形式を取った。参加した母親は、相談者を囲み車座になり、担当相談者に自由に質問する形式をとった。質問内容は自由で、母親が日ごろ悩んでいる事柄を質問し、それに相談者が答えた。リラックスした雰囲気の中で、互いに悩みを共有できる時間と空間を提供した。主な相談内容は、「子どもの発達の遅れについて」「子どもの日常行動について」「兄弟姉妹関係で生じる問題」「食生活の問題」「日ごろのしつけの問題」等様々な内容が、母親から語られた。母親が相談している間、学生が子どもと遊び、母親が安心して相談に参加できるように配慮した。子どもは近くに母親がいることを確認しながら、学生と楽しく遊んでいた。母

親たちは質問や相談が終了した後、学生と一緒にランチを楽しんだ。

「親子ふれあい教室」終了後、参加した大多数の母親たちから、「遊びの継続と同じグループメンバーと一緒に遊び、話し合える場を継続して欲しい」と要望が出され、自主グループを構成してふれあい活動を継続させた。

（2）研究の対象と方法

「親子ふれあい教室」はオープンリサーチセンターのため参加は無料であるが、参加の際には研究協力の同意を得ることが条件であった。DVDの収録とアンケート調査の実施に同意が得られた親子を対象に調査を行った。活動及び相談内容はDVDモニターに収録した後、後日スタッフで検討した。

対象は第Ⅰ期2006年10月から12月の期間で17組（34名）、第Ⅱ期2007年1月から3月で9組（18名）、第Ⅲ期では、2007年5月から7月で6組（12名）、第Ⅳ期は、2007年9月から12月で6組（12名）の参加があった。5回シリーズの「親子ふれあい教室」が終了した後、母親たちの希望者を募り、自主グループとしての活動を再開した。自主グループの参加は、4グループが作られ、合計24組（50名内訳　男児17名　女児9名　母親24名）の親子の自主グループが活動中である。母親の平均年齢33歳8ヵ月　子どもの平均年齢1歳9ヵ月　第1子22名第2子4名であった（注2）。

評価尺度には、日本版POMSを用いた[1][2]。日本版POMSは、緊張・不安、抑うつ、怒り・敵意、活気、疲労、混乱の6項目の因子が同時に測定できる検査であり、過去1週間の「気分の状態」について、65の質問項目について約15分程度で答えることのできる簡単なアンケートであり、母親たちは好意的にアンケート項目に応えていた。

統計解析にはFriedman検定を行い、多重比較としてScheffeの方法を用いた。

（3）結果

1）POMS の結果

「親子ふれあい教室」前後、および自主グループ後の POMS の平均値の変化を表 2-2 に示す。

表 2-2　POMS の項目別の平均値（　）は同年代の正常人の平均値±標準偏差

	T-A	D	A-H	V	F	C
	緊張・不安	抑うつ	怒り・敵意	活気	疲労	混乱
親子ふれあい教室：前 N=34	12.7 (11.0 ± 6.2)	19.7 (8.7 ± 8.7)	16.4 (10.8 ± 7.9)	8.4 (13.3 ± 6.7)	8.6 (8.5 ± 6.0)	10.9 (7.7 ± 4.3)
親子ふれあい教室：後 N=33	9.5 * (11.0 ± 6.2)	15.6 * (8.7 ± 8.7)	14.4 (10.8 ± 7.9)	11.3 * (13.3 ± 6.7)	6 * (8.5 ± 6.0)	6.97 * (7.7 ± 4.3)
自主グループ：後 N=20	9.35 (11.0 ± 6.2)	15.9 (8.7 ± 8.7)	14 (10.8 ± 7.9)	12.4 (13.3 ± 6.7)	6.2 (8.5 ± 6.0)	7.35 (7.7 ± 4.3)

$* < 0.05$

※表上のアルファベットについては次項（p.55）後述

2．事例紹介

今回示す 3 事例は、「親子ふれあい教室」に参加前後、自主グループ終了後の 3 回における POMS データに変化が読み取れ、DVD 録画を検討した結果、明らかに母親の表情や態度に変化があった事例である。

事例8　自閉症的傾向をもつ子どもの母親への支援

対象者：母親　35 歳　男児 2 歳 11 ヵ月　第 1 子

「親子ふれあい教室」に来室した時点で、子どもは児童相談所で自閉症的傾向があると診断が下されていた。母親は子どもの障害が受容できておらず、不安と緊張で暗い表情をしていた。子どもは音へのこだわり強

表 2-3　5 回目までの「親子ふれあい教室」参加前後の自主グループ後による
POMS データの比較

	T-A	D	A-H	V	F	C
	緊張・不安	抑うつ	怒り・敵意	活気	疲労	混乱
親子ふれあい教室：前 N=34	17	16	12	3	8	8
親子ふれあい教室：後 N=33	9	10	13	7	7	7
自主グループ：後 N=20	9	10	13	7	7	5

親子ふれあい教室：前　N = 34　親子ふれあい教室：後　N = 33
自主グループ　N = 20

く、音遊びでは開始時から大泣きになった。母親は子どもが遊びに参加できない様子を残念そうに眺めていた。個別相談では、相談員に「子どもにどのように関わったらよいかわからない」と相談していた。同じグループの母親が、大泣きする子どもの様子や母親が困惑している姿を見て、優しく母親に言葉をかけ、母親を支え励ましていた。母親は、相談員からの助言や仲間の母親から情緒的サポートを得たことで、最初に見られた緊張と不安は、次第に解消されていき、5 回目には笑顔が見られるようになっていた。母親は他の母親たちから励まされる体験を通じて、子どもの障害と向き合い始め、障害児支援のデイサービスに母子で参加し始めた。自閉症児に向けた早期療育と本支援センターの自主グループを併用し、子どもの現実に添った子育てが行えるように気持ちは安定し、表情も柔らかく変化した。

事例９　思いどおりに子どもが動いてくれないと語る母親への支援

対象者：母親 35 歳　女児２歳２ヵ月　第１子

　　母親自身に、靴や衣服の汚れを必要以上に嫌がるという不潔恐怖症の傾向が見られた。「親子ふれあい教室」参加前の母親の表情は固く、子どもが汚れる遊びをしようとすると、それを阻止し応えることが出来ずにいた。そして子どもの衣類が少しでも汚れると母親はすぐに着替えさせようとするため、子どもは着替えを嫌がり泣き出し着脱に時間がかかった。母親は、子どもが着替えを嫌がることに対して常にイライラしていた。食生活では、子どもの好き嫌いが激しく、母親が調理したおかずを食べないため、母親が子どもに無理矢理食べさせているような状況で、食事にも時間がかかっていた。

　　「親子ふれあい教室」の制作活動では、完璧に作ろうとする母親と、自由に描きたいと思う子どもの気持ちがかみ合わっていない場面が多くみられた。そうした状況では、子どもの表情は固かった。個別相談で母親は「子どもとの関わりがうまく築けない」と相談していた。相談員からは、

表 2-4　10 回目までの「親子ふれあい教室」参加前後の自主グループ後による
POMS データの比較

	T–A	D	A–H	V	F	C
	緊張・不安	抑うつ	怒り・敵意	活気	疲労	混乱
親子ふれあい教室：前 N=34	11	15	7	8	4	6
親子ふれあい教室：後 N=33	7	10	6	9	0	4
自主グループ：後 N=20	7	10	6	11	2	4

　親子ふれあい教室：前　N＝34　親子ふれあい教室：後　N＝33
　自主グループ　N＝20

「他の母親がどのように子どもに関わっているかを観察して、自分で工夫して接してみては」とアドバイスを受けた。母親は他の親子のふれあいを見ながら、自分も子どもとの関わりを見つめ、子どもの気持ちを汲もうとする姿勢が徐々に見られるようになった。また自主グループになってからは、親子で楽しむ姿が観察された。

事例10　子どもの動きが激しく、子どもについていけないと嘆く母

対象者：母親33歳　男児　2歳3ヵ月　第1子

　　不妊期間が長く、結婚11年目にして授かった子どもであった。妊娠中毒症に罹り入退院を繰り返して、子どもを帝王切開で出産した。出産後、産後の肥立ちが悪く、子どもとの関わりが充分持てなかった。体調が回復しないうちに育児が開始されたため、気持ちが落ち込んでいた。子どもが成長するに伴い、予想以上に子どもが動きまわり、言葉で禁止することが増えていた。子どもが言うとおりにならないことに、母親はイライラしていた。母親には、相談できる友人が少なく、孤独でいつも子

表2-5　15回目までの「親子ふれあい教室」参加前後の自主グループ後による
POMS データの比較

	T-A	D	A-H	V	F	C
	緊張・不安	抑うつ	怒り・敵意	活気	疲労	混乱
親子ふれあい教室：前 N=34	14	31	28	8	10	10
親子ふれあい教室：後 N=33	14	20	17	13	4	8
自主グループ：後 N=20	14	22	17	15	6	7

　　親子ふれあい教室前　N＝34　親子ふれあい教室後　N＝33
　　自主グループ後 N＝20

どもを連れてゲームセンターやスーパーマーケットに出かけて時間をつぶしていた。「親子ふれあい教室」に参加した際、母親の表情は固く、活動場面でも子どもを大きな声で叱っていた。子どもは母親から怒られると下を向き、面白くなさそうにして玩具を投げていた。相談員には「どのように子どもと接したらよいか」と聞いていた。相談員からは、「子どもが何をしたいのか、怒鳴ることより様子を見て、言葉をかけてみてはどうか」とアドバイスを受けた。母親は他の母親の育児の方法を近くでみる体験を通じて、一緒に子どもと遊ぶようになっていったが、気分の変化があり、気分が悪い日には動くのが億劫である様子が窺えた。参加している他の母親からは、子どもを注意しないと不満が出されたが、マイペースで気にせず活動に参加していた。しかし自主グループでは気の合う友人ができ、他の母親に誘われ児童館や遊び場教室など子どもを連れて歩くようになった。次第に表情も楽しそうに笑うようになり、親子で遊ぶようになっていった。

3．母親の気分状態の変化について

1）緊張・不安について（T－A）Tension and Anxiety

　全体的には「親子ふれあい教室」に参加する前は、母親の平均値の緊張・不安は12.7であり同年代の女性の平均11.0より若干高かった。参加後は、緊張・不安の平均値が有意に低下し、緊張・不安が改善されていた。「親子ふれあい教室」参加後から自主グループ終了後の平均値では、有意差は認められず、「親子ふれあい教室」参加による母親の緊張・不安の改善は、自主グループまで維持されている事が示唆された。

2）抑うつについて（D）Depression

　乳幼児を持つ母親の抑うつ得点は19.7であり、同年代の女性の平均8.7よりも高かった。子育てに関連した疲労感が母親を抑うつ状態にしている事が窺えた。又「親子ふれあい教室」に参加する前後では、平均値の

数値が下がり、抑うつ状態は若干改善されていたが、同年代の女性の平均よりは高かった。又自主グループ終了後においても改善された状態が維持されていた。

3）怒り・敵意について（A－H）Anger and Hostility

　同年代の女性の平均値 10.8 に比べると、本研究の対象者は 16.4 と高い傾向にあった。「親子ふれあい教室」に参加前と参加後、さらに自主グループ修了後の平均値では有意差は認められなかった。

4）活気について（V）Vigor

　活動性においては、「親子ふれあい教室」参加前の平均値は 8.4 と同年代の女性の平均値 13.3 よりも低かったが、参加後には母親の平均値が上がり、活動性の高まりが示された。又「親子ふれあい教室」参加後、自主グループ終了後の数値は維持されており、活動性はそのまま維持されていたことが伺われた。

5）疲労について（F）Fatigue

　「親子ふれあい教室」参加前での平均値は 8.6 で同年代の女性の平均と同程度であったが、「親子ふれあい教室」参加後は、平均値が 6 まで低下し、疲労については有意差が認められず、「親子ふれあい教室」参加後の状態を維持していた事が窺われた。

6）混乱について（C）Confusion

　「親子ふれあい教室」参加前では、母親の平均値は 10.9 と同年代の女性の平均値 7.7 よりも高値を示していたが、「親子ふれあい教室」参加後、平均値が下がり自主グループ終了後までその状態が維持されていた。

　以上のこれらの事柄を検討、考察すると、乳幼児の子育てをしている母親の気分状態は、同年代の女性の気分状態とは異なり、特に抑うつ、

怒り・敵意、混乱の平均値が高い特徴が示された。

　緊張・不安、抑うつ、疲労、混乱の平均値は「親子ふれあい教室」に参加した後には、有意に改善していることが窺われた。また活気については「親子ふれあい教室」参加前と参加後では、有意差を認めたが見られ、自主グループ終了後まで維持されていた。

４．考察

（１）事例についての考察

　3事例とも、子どもと母親との関係性に若干の問題を持っていた。

　事例8ではすでに児童相談所で自閉的傾向と診断されており、母親は他の子どもとの違いの再確認を求め本学の子ども・家族支援センターにやってきた。「親子ふれあい教室」では、自分の子どもが他の子どもとの違うことに落胆した様子が見受けられたが、相談員とスタッフ等との面接や遊び、他の母親たちからの支援によって、情緒的にサポートされた。母親にとって「親子ふれあい教室」は、自分の子どもの特長を知る現実検討の場であったと同時に、障害を受け止め、子どもを育てていくための心理的支援を受ける場になっていた。

　事例9は、母親自身の不潔恐怖症的性格傾向があり、子どもの思いや要求を読み取る前に不潔になる不安から自分の思いを子どもに押し付けていた。しかし、他の親子の関わりを見て関わることで、徐々に自分の子育て態度の改善につながり、1クールが終了する頃には、楽しく活動を行い親子関係はかなり安定していた。この事例においては、母親の子どもとの接し方や子どもとの共感性が得られる対応や関わりについて、学習する場所を「親子ふれあい教室」が提供していたと考えられる。

　事例10については、母親の体調と深く関連がありその日の母親の気分によって関わり方が問題になっていた。母親自身が周囲の状況を読み取れないことや協調性のなさに、周囲の母親たちが困っていた。しかし活動を通じて、話ができる友人ができ、長時間ゲームセンターなどへ長

時間子どもを連れて歩く行為は減少し、児童館や遊びの広場を他の母親と一緒に訪ね、子どもと遊ぶことが楽しく感じられるように変化していった。

今回3事例による検討・考察では、育児不安を持っていた母親や子どもの気持ちをくめない母親、子どもの障害受容がなされていない母親等、養育の問題を抱えている母親の参加があった。そして母親たちは、精神的に気分が落ち込みやすく、緊張と不安が強いことが示された。しかし「親子ふれあい教室」の参加及び自主グループの参加により、母親自身の気分状態の変化が示され、育児不安は解消され、子育て支援を行う楽しさを獲得し始めた。

このことから「親子ふれあい教室」という親子の関わりができる場所の提供が母親たちにとって有効であり、母親の育児に伴う気分状態の改善に役立つことが示された。DVD記録上の観察でも、「親子ふれあい教室」の参加当初と参加後では、母親の活動や表情は柔らかくなり、子どもと楽しく遊ぶ姿が観察され、これらの調査からも「親子ふれあい教室」の活動が母親の気分状態を改善する過程が観察できた。

（2）効果的な子育て支援のために

「親子ふれあい教室」における2つの機能である①ふれあいグループの形成と、②専門家からの助言が円滑に機能していることを結果は示していた。「親子ふれあい教室」の場所を提供するだけでなく、グループを運営するコンダクター役としての大学教員の存在や保育学生の参加がグループとしての凝集性を高めたとも考えられる。

研究は、スタッフが参加しない自主グループにおいても「親子ふれあい教室」の効果が維持されている事を示していた。一度、意図的に形成されたグループが、主体性をもって継続され、気分の安定に機能している事が表されていた。

母親の気分状態に関する先行的研究として、（上島、2008）は、乳幼

児への関わり表れる母親の“気持ち”を感情の観点から、乳児の内的状態と行動上のサインと養育者の読み取りの関係を調査し、母親が読み取った乳児の状態が母親の内的状態と関係していることを示している[3]。また育児不安に関する臨床的研究Ⅴ（川井他、1998）では、育児困難感のプロフィール評定質問紙を作成し、的確な育児相談や援助に臨床的適用を示している[4]。

　海外の研究では、（Marsha Kaitz & Hilla Maytal 2005）が、不安の高い母親の子どもは不安性障害など発達上の問題があり、不安な母性行動をもつ母親と乳児の相互交流にはリスクを伴う関わりがあると示している[5]。また、産後うつの研究では（Kimberly J. Nylen, Tracy E. Moran, Christina L. Franklin, & Michael, W.O'Hara 2006）は、産後うつが母親と乳児間において乳児の発達において重要な安定した愛着が少ない傾向にあり、母親の精神療法は家庭に中心において、治療的な介入をすることが母親の関わりを改善することを示していた[6]。

　本学の「親子ふれあい教室」は様々な専門家が参加している事で、他の施設の子育て支援に比べると特殊である。しかしどのような形式の子育て支援になっても、これからの子育て支援を円滑に運営していくためには、その効果について実証研究が重要になると思われる。われわれが今回行った調査とは異なる方法で、子育て支援が親の気分状態に与える影響を調査する比較研究もこれらは必要になるであろう。そして今回示した効率的な子育て支援の具体的な技術と理論[7]を、これからの保育者養成に向けて、検討していく事も必要と考える。専門家による相談が、母親の気分状態を改善させたのか、それとも親子のふれあえる場を提供した事が気分状態を改善させたのか、母親が同じ仲間である母親に支えられたのがよかったのか、どれが一番効果的であったか結論はでていないが気分状態の調査とDVD録画によれば、明らかに母親の表情や態度及び行動が変化していた。

　今回の研究上の課題も幾つか残されている。「親子ふれあい教室」の

どのような要素が気分状態の改善に最も有効であったのかが不明瞭である。また「親子ふれあい教室」を体験していない対象群との比較が今後は必要である。しかし今後追研究が行われる事で、子育て支援の技法や支援方法が明確になっていく事が期待できる。

第3章

保育所における
子育て支援の現状調査

Ⅰ. 調査の目的

　今回の調査は、保育所における子育て支援の現状を把握するために計画した。保育所に設置されている地域子育て支援センターの実情と、支援を担う現場の保育士が、どのように子どもと家族と向き合い、その課題に対処しているのかを調査し、保育所における子育て支援における課題を明確にするためである。現在の保育所子育て支援における問題、必要とされる知識や技法などに関する調査を行い、保育所の子育て支援機能や、保育士に求められる子育て支援のための専門性などを明確にすることが調査の目的である。

Ⅱ. 対象と方法

　調査対象は全国とした。2007（平成19）年8月から11月までの期間、子育て支援を行っている全国の保育所のリストから無作為に850カ所を抽出し、保育所設置の子育て支援センターで勤務している保育士1200名を対象に、子育て支援に関するアンケート（年齢、性別、保育士歴、子育て支援活動歴、質問6項目の自由記述回答）を郵送し、記述回答を求めた。

当研究の事前調査として、群馬県内で大学近隣保育所5カ所25名の保育士を対象に、アンケート調査を行い、現場の保育士の意見や感想を参考にして調査項目を作成した。

　今回報告する4項目の調査内容は、1）現在行っている子育て支援内容、2）実際子育て支援を行っている中で感じる困難や問題点、3）これから行いたい子育て支援、4）保育所で行う子育て支援に必要な知識や技術についてである。

　こうした質問について記述回答にした理由は、選択肢法であると、調査者側の主観が入り込みやすく、現状の状況を十分に拾い上げることができないと判断したからである。

　自由記述データを内容分析し、カテゴリーに分類し分析した。内容分析においては、記述された事柄の意味内容を類似性に従い分類を行い、その分類を忠実に反映したカテゴリーネームをつけてそれを整理していく方法をとった。カテゴリーの信頼性を検討するために、2人の評価者によるものを照らし合わせて確認を行った（カッパ係数）。2人の評価者の一致率は、いずれも0.8であり差異はなかった。

＜自由記述による得られたデータのカテゴリー化の一例＞
　記述内容（現在行っている子育て支援内容）カテゴリー

　　　園庭開放　　　→　　施設開放

　　　一日体験入園　→　　体験入園

　　　園行事参加　　→　　保育体験

　　　子育て相談　　→　　相談

　　　一時保育　　　→　　保育の拡大

Ⅲ．結果

1．回収率と属性

　得られた回答は、保育所 456 カ所（回収率 53.6%）、保育士 712 名（回収率 59.3%）であった。男女比では、女性 706 名、男性 4 名、未記入 2 名であった。年齢 9 区分の結果は表 3-1 とグラフ 3-1 の通りである。保育士歴の平均は、18 年 1 ヵ月（最低 4 ヵ月から最高 52 年 4 ヵ月）であった。

表 3-1　アンケート回収率

年齢（才）	人数（人）	回収率（%）	年齢（才）	人数（人）	回収率（%）
20〜24	46	6.4	25〜29	77	10.8
30〜34	77	10.8	35〜39	76	10.6
40〜44	101	14.8	45〜49	136	19.1
50〜54	107	15.0	55〜59	78	10.9
60〜	11	1.5	未記入	3	0.4

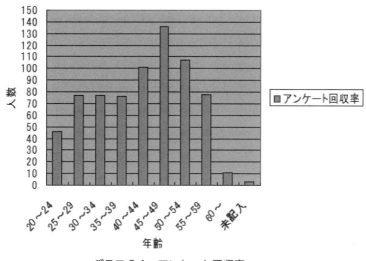

グラフ 3-1　アンケート回収率

また子育て支援歴の平均は、5年7ヵ月。（最低4ヵ月から最高40年1ヵ月）であった。

2．アンケート回答について
（1）現在行っている子育て支援内容（表3-2、グラフ3-2）

表3-2　現在行っている子育て支援内容

支援内容	件数	比率（%）
相談（来所・電話・訪問）	363	21.3
施設提供（園庭開放・図書）	327	19.2
保育の拡大（一時保育・延長保育等）	262	15.4
親子交流の支援	163	9.5
仲間つくりの支援	150	8.8
講座セミナー・勉強会開催	143	8.3
体験入園・保育経験	82	4.3
特別支援（障害児・乳児など）	82	4.3
広報活動	56	3.2
保育一般	34	1.9
その他	40	2.3

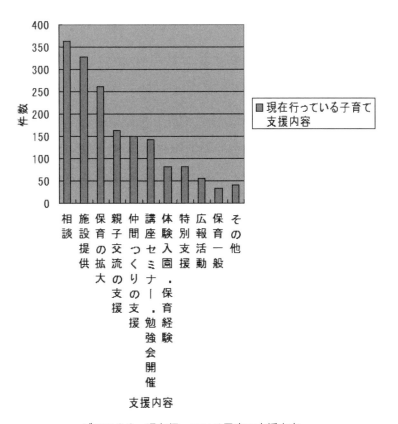

グラフ 3-2　現在行っている子育て支援内容

（2）実際子育て支援を行っている中で感じる困難や問題点（表 3-3、
　　グラフ 3-3)

表 3-3　実際子育て支援を行っている中で感じる困難や問題点

問題内容	件数	比率（%）
技術の乏しさ困難	161	24.9
親の問題	116	17.9
親や家族とのコミュニケーション	59	9.1
マンパワー不足	56	8.6
特別支援における問題	56	8.6
場所の問題	29	4.4
他の仕事との兼ね合い	28	4.3
親同士の関係	18	2.7
地域との関係	15	2.3
予算不足	6	0.9
その他	79	12.2

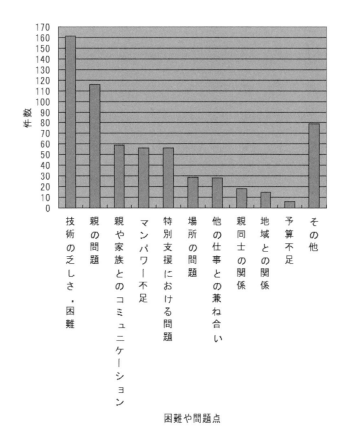

グラフ 3-3　実際子育て支援を行っている中で感じる困難や問題点

（3）これから行いたい子育て支援（表 3-4、グラフ 3-4）

表 3-4　これから行いたい支援

支援内容	件数	比率（%）
講座・講演会	45	8.2
子育て相談	45	8.2
知識や技術のある支援	43	7.8
現状維持	40	7.3
親子支援	32	5.8
親の仲間つくり	31	5.6
地域交流	29	5.3
親支援	29	5.3
対象園児を広げる	22	4.0
施設提供	22	4.0
一時保育	22	4.0
行事への参加推進	18	3.2
施設訪問	18	3.2
現状活動拡大	14	2.5
交流保育	12	2.1
子育てサークル支援	9	1.6
研修会	9	1.6
食育指導	11	2.0
妊産婦支援	10	1.8
他の施設との連携	6	1.0
コミュニケーションが上手な支援	5	0.9
延長保育	5	0.9
その他	59	10.8

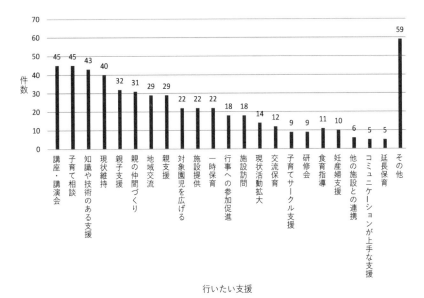

行いたい支援

グラフ 3-4　これから行いたい支援

（4）保育所で行う子育て支援に必要な知識や技術（表3-5、グラフ3-5）

表3-5　子育て支援に必要な知識と技術

知識・技術内容	件数	比率（％）
相談の知識と技術	271	30.6
発達の知識	100	11.3
保育士としての専門知識	64	7.2
地域の交流	51	5.7
医学的知識	43	4.8
コミュニケーション技術	34	3.8
自分の成長	33	3.7
親の仲間つくりのノウハウ	22	2.4
援助の工夫方法	28	3.1
親の心理	29	3.2
家族についての知識	23	2.6
親のニーズを知る方法	14	1.5
マナーについて	13	1.4
子育て知識	32	3.6
その他	127	14.3

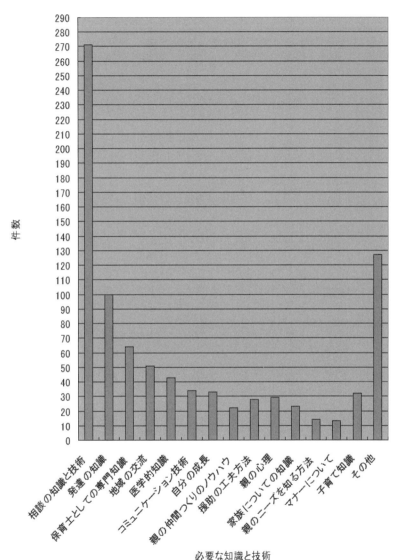

必要な知識と技術

グラフ 3-5　子育て支援に必要な知識と技術

Ⅳ. 考察

　全国保育所設置の子育て支援センターで働く保育士は、40歳代から50歳代の女性保育士が多く、全体の344名で48%であった。また保育士歴の平均保育士歴は、18年1ヵ月（最低4ヵ月から最高52年4ヵ月）であった。また子育て支援歴の平均支援歴は、5年7ヵ月（最低4ヵ月から最高40年1ヵ月）であった。（2009年現在）

　調査1の現在、保育所で行われている支援内容については、相談（来所、電話、訪問）、施設提供（園庭開放、図書貸し出し）、保育の拡大（一時保育、延長保育など）が多かった。支援内容の特徴としては、第一に「相談」があげられていたことである。これは直接的な支援の1つであり、親の子育てに関する相談に応じることである。施設提供が次に多く、保育所が地域おける「遊び」や「学習」の場を提供する役割に応えているものと考えられる。これは、保育所のハードウェア機能の提供であり、直接支援を拡大したものに整理できる。

　保育の拡大は、親に代って保育を行う機会が増えていることを窺わせる。働く母親や子どものきょうだいが病気になった時の代行機能として保育所が活動しているのである。

　調査2の実際子育て支援を行っている中で感じる困難さや問題では、支援技術の乏しさや困難161件、親の問題（言語・態度・行動）116件が他の回答よりも多かった。これらの内容から考えられることは、保育士は支援技術の乏しさを体験しつつも、現在の親の子どもに対する態度などについて困難さを体験している。どのように具体的に支援してよいか苦慮し、同時に親の言動や態度にも苦慮している状況が明確になった。親が直接保育士に向ける態度や行動などを含めた親の態度に困難さを感じている保育士が多いことが示されていた。

　具体的な支援プログラムの中身である子育て支援計画では、講座や講

演会、子育て相談、知識や技術をもった上で困難な状況にある支援に対応できるようにしたいなど、具体的な支援の充実にむけた事柄が示されていた。特に親子間の情緒の安定した関わり支援方法、遊びを含めたもの、親同士の関わりをサポートして親の仲間づくりなど、具体的な行いたい支援が多く示されていた。

　この調査から得られた特徴的なものには、子育て支援についての知識や技術を学びたいという希望が示されていたが、スタッフの人材、機能など現状維持が限界と言う意見も示されていたことである。これらの調査から注目したいのは、子育て支援を実際行う際に必要な事柄として、「相談の知識と技術」や「子どもの発達の知識を知る」などの事柄が多く示され、人材や専門性が問われ限界と感じながらも、子育て支援の現状ではこれらのことが現場では要求されていることが示された。また同時に現場が要求しているこれらの子育て支援を行うためには、教育機関である保育士の養成を考慮に入れた教育カリキュラムが必要になってきたことも窺がわれ、保育士養成機関として現場に即した支援方法をさらに行える内容を構築していくことが問われ始めた。

　では実際に保育士養成校ではなにが行えるか、この点を充分熟知してカリキュラムを組み立てていくが課題であり、現場から求められている。
　具体的な親支援のための面接方法や相談方法においては、家族を理解するための理論と技術、さらにそれを実践的に学ぶ環境づくりが早急に求められている。保育士に対するセミナーや具体的なスーパービジョン、事例検討のシステムを地域の中に作り上げていく必要性もある。養成校が行うリカレント教育もその一貫として考えられる。また困難事例においては、地域の資源活動をして専門家（小児科医、精神科医、臨床心理士、ソーシャルワーカー）等の交流を促進していく方法も学んでいくことが重要であることが示唆された。
　保育所等における子育て支援機能の充実に関する研究として（金子、

2007）の調査では、支援センターが扱った相談の中で、相談ケースについて最も多かったのは「親の育児疲労・育児不安」178件（21.3%）、第二に「育児・子どものしつけ・遊び等」176件（21.1%）、第三に「子どもの障害」が107件（12.8%）、第四に「虐待（ネグレクト・身体的虐待・心理的虐待・性的虐待）」87件（10.4%）、第五に「夫婦・家族（DVを含む）」59件（7.1%）、第六に「性格行動相談」52件（6.2%）、第七には「家族の精神保健上の問題」が48件（5%）になっていた[(1)]。

　支援センターに求められる家族への機能・専門性では、第一に「個々の保護者にカウンセリングが出来る力」513件（64.8%）、第二に「子どもの成長・発達に関する理解・対応力」で505件（63.8%）、第三に「関係機関と連携を強めることが出来る力」が272件（34.3%）、第四に「個別援助技術」233件（29.4%）、第五に「家族建機の理解・家族全体に対応する力」229件（28.9%）、第六に「親同士の関係を形成するための力」190件（24%）、第七に「自分自身の問題を意識していない保護者に対応できる力」189%（23.9%）、第八に「保育力」184件（23.2%）、第九に「精神的支援を保護者に対応できる力」174件（22%）、「地域に出向いて家庭を支援する力（家庭訪問など）」163件（20.6%）、「個別ケース検討を行うことが出来る力（事例検討）」145件（18.3%）、「総合的にコーディネート・ケースマネージメントできる力」140件（17.1%）、「虐待に対応できるための力」127件（16%）の順になっていた[(2)]。

　支援センターに求められる専門性として、一番に求められていることは、子どもと家族を個別的に支援する力で個々の保護者へのカウンセリングが出来る力、子どもの成長・発達に関する理解・対応力を示していた。次に求められる事柄には家族を支援するための関係調整能力（ソーシャルワーク）があげられていた。続いて関係機関と連携を強めることが出来る力、個別援助技術、家族関係の理解・家族全体に対応する力、個別ケース検討を行うことができる力（事例検討）、総合的にコーディネート・ケースマネージメントできる力を掲げていた。

　また親のエンパワーメントを高める力も加えられており、親同士の関係を形成するための力、親自身の問題を意識していない保護者に対応できる力が専門性に含まれていた。そして保育所の持つ保育力を掲げていた。またアウトリーチできることで、地域へ出向いて家庭を支援する力（家庭訪問）が必要とされていた。すなわち、様々な家庭が抱える家族の問題として子どもと家族が抱える問題や課題への対応力、障害の理解・対応力（精神疾患を持つ保護者に対応できる力、虐待に対応できるための力などが示されていた [2]。

V.　まとめ

　保育所設置による子育て支援センターに携わる保育士が、必要とする知識や技術としてあげていたのは「相談技術」であった。しかも子どもの発達の理解が第2に示されていた。保育士の専門性を生かしながら、地域との連携も必要であり、地域とつながりを行うコーディネーターとしての役割も必要であることが明らかになった。

　相談の知識の必要性には、子どもの発達の理解とそれに合わせた支援が必要であると同時に今何を母親が困り訴えているかをアセスメントする知識と技術が必要である。

　相談内容の例として、子どもが1歳を過ぎて歩きだすと、「色んなものに興味をもち手に触れて口に入れる、それをやめさせようとすると大きな声で泣き叫び、どうしたらよいか分からない」や「産後1週間で自宅に戻ってきたが、身体はだるいし3時間おきに授乳で睡眠不足で気持ちがイライラする、子どもの世話がこれほど大変であるとは予想していなかった」、「夫が仕事でおそく帰宅、疲れているところで子どもが泣くと夫の機嫌が悪くなり夫と子どもに気を使い疲れてしまった」「夜鳴きがうるさいと夫が寝室を別にしてしまった」「誰も相談する人がいない

状況である」「子どもができてから子育てが楽しいとは思えず、どんどん気持ちが落ち込み気持ちが暗くなっている」「夕食時になると決まった時間に泣き出す。あやすのとしなければならないことが重なりどうしてよいか分からない」「子どもの世話をしているとどんどん時間が押してしまい、食事を作っていないことで夫と大げんかになってしまった」など多様な問題が持ち込まれている。

　実際の相談の内容にふれると、切実な思いをもって相談に来ている。気軽に相談できる場所として保育所に行き、自分の思いを聴いてもらえる、受け止められた、ということが保育士の存在の重要性を物語っている。気軽に訪問し相談できる保育所と保育士が唯一の救いの場と人になっているという実情は想像以上のものであった。

　これらの母親から寄せられる相談内容は、子どもが生まれてからの問題がほとんどである。結婚し家庭をつくり、子どもが生まれるが、自分自身の生き方や家族間で生じる関係性が上手くいかなくなっていることも含め養育問題につながっていると言える。出産を機会に、育児が引き金になって起こってくる親自身の相談に耳を傾け、母親が子どもとの関わりが楽しく嬉しいものでありまた育児に自信がもてるような親子の関係性を支援していくことが求められている。養育の問題がエスカレートすると児童虐待傾向につながる恐れがあり、このような様相をともなう家族については、保育士だけの対応には限界があるので、地域の中にある児童相談所や医療関係機関など他機関との連携をとりコーディネイトしていくことも大切な役割になる。子どもの衣服の汚れを以前から気にしていた保育士が、母親との面接で、母親の精神的な問題を発見し医療機関につなげたことや、子どもの家庭での怪我の多さから児童相談所を通じて保護につなげたなど、保育士の役割によって子どもを守り、親支援が出来る環境につなげていくこともとても重要な役割となる。

第4章

子育て支援に向けた教育プログラム
─子育て支援学の提唱─

Ⅰ. 子育て支援学の概略

　今日、子育てに関連したあらゆる領域が「子育て支援」をスローガンに唱えている。子育て支援の担い手は保育士や幼稚園教諭のみならず、小児科医、精神科医、保健師、臨床心理士、ソーシャルワーカー、ボランティアにまで拡大している。渡辺久子（2016）は小児科医の立場から世代間伝達に注目することが重要であると述べ、中釜洋子（2005）はPEPPという心理教育に準じた子育て支援の方法を紹介している。また石田慎二（2009）は社会福祉の観点から子育て支援について論じ、保育所の代表者の新たな役割への意識が高いほど保育所のソーシャルワーク機能を強化していくことにつながると述べている。子育て支援にはさまざまな方法や理論があるであろう。多くの職種が子育て支援に参加するのはよいが、それらが有機的に結びついていなければ利用者は混乱するだけである。子育てコーディネーターなどにも注目が集まるが、筆者は子育て支援の担い手の原点である保育士における子育て支援能力を引き上げることが急務だと実感している。子育て支援を必要としている母子が最初に出会い、そして日常的に関わりを持つ職種は保育士であろう。その意味において、保育士養成のカリキュラムにおいて子育て支援のための体系的学問を提供することは今後重要になる。

　本章では子育て支援に向けた教育プログラムについて、第3章の現状

調査、および第2章に記載した研究者の経験をもとにまとめたいと思う。本章で提示する理論や技法は「子育て支援学」として、1つの体系化した学問領域として集約できると考えている。

　将来は、専門性を配慮し、医療、保育、社会福祉、教育、心理のスタッフからなる「子育て支援学科」の設立も必要になるであろう。従来の保育士養成に子育て支援能力を包含させるのである。

　子育て支援学の基盤となる理論は、心身の発達を理解するための理論である。第3章の現状調査でも、子育て支援のための発達に関する知識の必要性が現場保育士から求められていた。心の発達理論をもとにして、母親が抱えている子どもの心の状態を説明してあげるだけの能力が子育て支援を行う保育士には必要になる。発達に関する理論は、子育て支援における基盤となる理論と言えよう。本章では、最初に発達に関する理論の概略を述べる。

　一方、現代は発達障害児と診断される子どもが増加しており、保育所場面でも彼らに出会うこと頻繁になった。彼らの行動特徴や心理的特徴についての知識が保育士に十分に行きとどいている状況ではない。子育て支援においては早期発見や早期介入のための発達障害や愛着障害の知識が不可欠である。第二に発達障害と愛着障害についての知識をまとめる。

　児童虐待の増加の背景には発達障害と親の相互作用、家族関係の問題などが影響している。児童虐待の防止、その早期発見は子育て支援における中心とも言える。その対応には地域連携による予防と早期発見、早期介入が不可欠である。その点を第三に述べる。

　子育て支援は母親だけを支援すればすむことではない。複雑な母子関係の背景には夫婦葛藤や家族葛藤が隠れていることが多い。第2章で述べた国際結婚における子育ての問題では、介入にあたり家族理解の重要性を再認識した。また伊藤良高（2011）は保育所保育士を調査し、家族支援においては他機関連携が重要であることをテキストマイニングから

導き出している。このように保育士において家族を理解して支援するための理論は子育て支援学の一翼をなす理論である。

　さて、上記の理論を基盤にして、現場ではどのようにして保護者を援助するかという問題が浮かび上がる。第3章の現状調査でも「相談のための知識や技術」が現場の保育士に求められていることが明確になった。また、発達障害、愛着障害、被虐待児への対応においては他機関との連携が不可欠である。

　この点を考え合わせると、子育て支援に関して保育所保育士に求められる機能は、伝統的にソーシャルワークが持っていた「ケースワーク」「グループワーク」「コミュニティーワーク」の3つの機能と合致する（伊藤2011）。こうした点を踏まえ保育ソーシャルワーク機能を中心に子育て支援に必要な援助になる。言い換えれば保育士における相談機能は保育現場で全てに当てはまる。直接援助技術では個別援助技術（ケースワーク）、集団援助技術（グループワーク）が関わりで必要となり、また関接援助技術は地域援助技術（コミュニティワーク）、社会福祉調査法（ソーシャルワーク・リサーチ）、社会福祉運営管理（ソーシャル・ウエルフェア・アドミニストレーション）、社会活動法（ソーシャル・アクション）、社会福祉計画法（ソーシャル・ウエルフェア・プランニング）などクラスで対応しなければならない問題にむけた調査や実際のクラス運営、それに合わせた活動、さらに個別計画など全体の内容に直結してくる。さらに関連援助技術には、ネットワーク、ケアマネジメント、スーパービジョン、カウンセリング、コンサルテーションという問題解決のための連携と協働が必要になっている（高玉2012）。

Ⅱ. 子育て支援学の内容

1. 発達に関する理論
＜心の発達＞

　子どもの心の発達を理解し、彼らの示す心のサインを発見することが保育士には必要になる。どのように子ども達は心を発達させるのか、保育士は常に考えながら保育を行い、発達段階に応じた、親への助言や支援ができる必要がある。そのためのいくつかの視点をここに提示する。

（1）泣くことの意味

　新生児としてこの世に生まれ産声を上げた時が誕生であり、その時が新たな世界との出会いである。生まれたばかりの子どもは、泣くことによって人との大切な関係を築き、生まれたばかりの子どもは泣くことで、生き続けていくことを本能的に知っている。

　子どもが泣くことに対して母親にはどんな感情を抱くか考えてみるとよい。かわいそうと思う人、うるさいと思う人、悲しいと思う人など、様々な感情を抱くと考えられる。この泣くという行為は、本来、人間にとって自然な行為であり、親たちも子どもが泣くことに対して自然に対応できていたが、現在の親たちの中には、子どもが泣くことに上手く関わり対応できない親が増えている。

　「泣く」という行為は、子どもの生理的欲求として現れる。空腹時に子どもは泣き、食べなければ死ぬという危機感を回避するためのメッセージである。排泄による不快感を訴える手段にもなっている。不潔な状態は子どもを病気にさせるからである。子どもが泣くことは、子どもの生理的要求の現れであり、それは子どもの言葉そのものである。親は、子どもの泣くことを聞き、子どもを抱き上げて声をかけたり、あやしたり、抱いたりという子どもの欲求に応えていくことが重要である。

　ハロー（Harlow, F.K 1973）は、新生児を含む乳児の発達欲求には生
理的要求を掲げている [1]。この生理的欲求が養育者によって満たされる
ことが心の安定に重要だと述べている。更にハローは食べ物や身体を保
温するための「暖かさ」が、親から新生児に無条件で与えられることが
必要であると考えている。新生児の場合、生理的欲求からくる「泣き」
は生命維持において、欠かすことのできない行動である。

　子どもが「泣く」ことに対して、耐えられない親も増えている。この
ような親は、子どもの目線にたって、子どもの心の状態を察するのでは
なく、不快感やイライラ、不安感が先行していく。時にその感情が虐待
や放置に結びつくことがある。泣くことの意味が何かを考えなおす必要
がある。

（２）見ること、聞くことの意味

　筆者の出会う母親の殆どは、子どもに視線を向けて話しかけているが、
母親が子どもを見て話しかける行動が、子どもの心の発達には大切であ
る。

　新生児は、出生直後より視覚機能（eye contact）を備えており、母
親の授乳の時にじっと母親の顔を見つめることができる。母親の顔は
30cm 〜 40cm 程度の範囲で見えている。しかも人の顔の中心を見つめ
ている。さらに養育者や母親の眼差しと語りかけにも応じる能力が備
わっている。母親の語りに、じっと耳を傾け聞き入り、話しかけに応じ
ようとして口元を動かしたり、手足を動かしたりして応えようする特徴
も見られる。

　この時期の母親の話しかけている言葉のトーンには特徴があり、ゆっ
くりで、しかも語尾が上昇し、子どもへの問いかけを行い、子どもから
の応答ができるような促しを無意識的にやっている。このような親の持
つ声のトーンは子どもの発達や母親にも重要な影響を及ぼすと考えられ
ている。

親が子どものことを「見つめ、話しかけてあげる」という自然な態度は子どもの心の発達上きわめて重要な事柄である。

（3）愛着理論

子どもの心の発達において重要な役割を担うのが愛着（アタッチメント Attachment）である。愛着の形成の最初の段階としては、特定の人物との間に情愛的な絆を結ぶことが重要になっている。特定の養育者つまり、（母親や保育者）との間に愛情の絆や心の絆が形成されることが、後の子どもの心の発達にとっては重要なことである。愛着は、子どもに対する親の抱きかかえ、話しかけ、声かけによって形成される。

現代は、人間関係の基盤になる愛着がうまく形成されなくなっている。乳幼児虐待の背景や、思春期に入ってから人との関わりを避ける原因には、愛着の問題がある。子どもの愛情欲求に親が応えてくれず、親との間に愛着形成ができない子どもは、別の対象に愛着を向ける。その対象が保育士になることもある。保育士に愛着を求めてくる時、母親との愛着関係に問題がある可能性を考えなければならない。

乳幼児の心の発達では、養育者との関わりである「母子相互作用」が重要な役割として捉えられている。母親と子どもの結びつきとして、ボウルビイ（Bowlby, J）は、愛着行動を示している[2]。

愛着行動は、新生児に備わっている本能的な機能と、母親側の関わりや働きかけによる相互作用によって営まれており、そこでは子ども達の欲求にタイミングよく対応してくれる養育者（母親や保育者）の行動が重要になり、子どもの見せる行動や態度に対する養育者側のセンサーが必要になる。愛着行動場面における子どもは、母親や保護者がどこにいるのかその姿を目で追ったり、声のする方に顔をむけたりする「定位行動」を示したり、微笑み、泣く等声を出す事で相手の注意をひきつけ、その状態を継続しようとする「信号行動」を示す。また、しがみつく、歩み寄る、吸うなど養育者との接近を維持することができる「接近

行動」も観察される。

　愛着における、養育者としての関わりにとって大切なことは、直感や感覚やセンスだと考えられる。愛着行動とは、自然な本能から生ずる情緒的な交流になる。そのため親子の社会環境、経済的環境を超えて、子どもは心を発達させることができる。現代社会は、愛着形成が円滑に行われにくく、この背景には様々な理由が考えられている。子育て不安は、子どもの要求への対応が上手く出来ないことが原因の１つである。

　愛着の発達段階をボウルビイ（Bowlby, J 2005）は、次の４つに分類している[2]。

① 第一段階――前愛着段階（出生時期から生後３ヵ月ごろまで）

　泣いたり、微笑んだり、人を見つめたり等主に信号行動を示している。しかし、この段階では、愛着対象となる特定人物を識別はできない。

② 第二段階――愛着形成段階（生後３ヵ月から６ヵ月まで）

　愛着対象に対して、微笑んだり、声を出したりする段階で、日常生活でよく関わってくれる養育者に対して関心を示し、特定の人物を分別できるようになる。

③ 第三段階――明確な愛着段階（生後６、７ヵ月から２、３歳まで）

　見知らぬ人に対する人見知りが生じている。養育者に対して後追いをするようになり、特定の人物への愛着行動がはっきりと現れるのもこの時期で、特定の人物を心のよりどころとして、心の「安全基地」として、探索行動ができるようになる段階である。

④ 第四段階――目標修正的協調関係（３歳ごろまで）

　相手の行動の目的や計画を理解して、自分の行動を修正し相手との協調性を築くことができるようになる。愛着の対象となる養育者の感情や動機など、ある程度洞察ができるようになる段階である。これらの愛着の状況を子どもの姿・様子から検討をしていくことが大切である。

（4）子どもの遊びから心を知る

　土方弘子（1978）は、0、1、2歳児のあそびとその意味、発達について「保育所保育指針」の解説を基に次のように述べている。2歳までの乳幼児期の活動は、「おとなにしてもらう活動」と「子どもの能力なりに行う活動」に大別でき、「休息と生命維持に関する活動を生活」「生命の使用に関する活動を遊び」と示している[1]。子どもの遊びの姿として、食事直後、満腹感と情緒的満足感と同時に満たされた幸福感を、哺語を発しながら手足をぱたぱたと動かして喜びを表現する等が姿として観察される。

　このように1つの行為を通じて、関わる大人との心地よい体験が子どもの情緒の安定につながり、子どもの心身の発達に深く関係している。そのためにこの時期の子どもにとって大人との安定した関係を充分築くことが、子どもの心身の発達にきわめて重要となる。しかも乳児期における養育者（母親や保育者）による安定した関係性は、その後の子どもの発達課題に影響を及ぼしている。また、人間関係の築き方にも影響を及ぼし、乳幼児の心の発達に深く関連している。本来の子どもを育てる役割は、父親を含めた家族全体で育てていくのが理想であり、父親の育児参加が社会全体の中で、認識され始めてきた。しかし実際には育児の主体は母親である。結婚後仕事を続けても、出産後復帰しても預かってもらえる保育所が少なく、仕事と育児の両立が難しい。子どもが大きくなり仕事に復帰するまでの間育児に専念する女性もいるのが現状である。

　専業主婦で母親が子育てを担っている家庭は多いが、育児に自信がもてないための児童虐待傾向を予防していくことも課題である。「健やか親子21検討会」報告書が2000年（平成12年）厚生労働省児童家庭局母子保健課から提示された[3]。この取り組むべき課題の1つに、子どもの心の安らかな発達の促進と育児不安の軽減が含まれ、育児に関する具体的な支援が示唆されている。

　子どもは遊びを通じて、様々な事柄を学んでいると言われている。ま

た実際に遊びの場面では、将来必要となる人間関係のかかわり方や社会的なルールを学んでいる。遊びの場面で繰り広げられる子どもの会話と行動についての検討はその意味で重要である。

　保育における遊びを通じて、それぞれの子どもの発達課題がでてくることがある。この点に留意し、子ども自身が集団とどのように関わってよいか、また人との関わりをどうしたらよいか、コミュニケーションのとり方を学んでいくことなど、集団の中で得られる体験を重要視していくことも必要である。

＜行動の発達＞

① 新生児期

　生まれたばかりの新生児は親や養育者からの全面的な保護と愛情を必要としている。新生児はすでに生まれたときから優れた色をもっており、視覚や聴覚の感覚は機能しており、人の顔や人の声によく反応するといわれている。新生児反射があり、危険から身を守るのに役立っているが、自ら移動したり、姿勢を変えたりすることはできない。ときどき口へ手をもっていくことを始める。

② 乳児期前期（1ヵ月から5ヵ月）

　1ヵ月過ぎると一瞬であるがうつぶせから顔を上げることができるようになる。この繰り返しの中で次第に顔をしっかり上げることができるようになる。

　2ヵ月になると手の動きがでてきて、手をしゃぶるようになる。3ヵ月には手を顔の前にかざすようにしてじっと見たり指を動かし、手の動きに興味をもち、見始める。そして自らの思いで手を動かし練習をするようになり、手の動きと視覚をコントロールすることを学び始める。5ヵ月から6ヵ月になると身体の近くにあるものに手を伸ばしてつかむことができるようになる。全身運動では自らの意思で身体を動かし、周りの事物に興味をもち、関わることができるようになる。発声も行われ、繰り返される。

③ 乳幼児期後期（6ヵ月から1歳半）

6ヵ月ごろから寝返りや手をのばして体の近くにあるものをつかむようになる。寝返りが自由にできるようになると、うつぶせの姿勢から方向を変えるようになる。このころから母親と普段世話をしてくれるひととの識別が始まり人見知りが始まる。母親が離れると後追いをするなどアタッチメント形成ができる。

7ヵ月から8ヵ月になるとお座りができるようになり、8ヵ月から9ヵ月になるとはいはいを始めるようになる。はいはいでの移動は乳児の行動範囲を広げる。またおなかを床につけ腹ばいをしながら手とひざを使い四つんばいとなる。10ヵ月にはいると立たせると立っていられるようになり、机やテーブルにつかまり立ちをして歩行の準備を始める。10ヵ月から1歳3ヵ月ごろには、一人歩きができるようになる。言葉も覚えしゃべり出す。いわれたことがわかり危険な行動を注意すると、行動をやめることができる。

④ 幼児期前期（1歳半から3歳）

歩行ができるようになると、1歳半ごろには走れるようになる。手の運動も1歳からスプーンやクレヨンなどつかんでにぎるという行動ができるようになり、親や養育者、大人が行っている行動の模倣が始まる。積み木を重ねたり、クレヨンを使って殴り書きをしたりなど遊びにも手を使う行動が増えてくる。口にものを入れることは少なくなるが、興味は広がり、色々なものにさわりふれて確認をし始める。自分でやってみることが好きで、阻止されると大騒ぎとなり泣き出すことも多い。

1歳からの遊びは大きく広がり日常生活で体験するごっこ遊びを見立ててよく遊ぶようになる。養育者や世話をしてくれる人、母親が離れると大泣きをし、離れることへの不安と抵抗を強く示すことがある。

2歳ごろになると2語文が出始め「なに？」「これは？」と興味あることをしきりに聞いてくるようになる。

また2歳半から3歳児にかけて「なぜ？」「どうして？」と疑問を感

じる質問が多くなり、会話が通じるようになる。このころになると母親と短時間離れていることが可能となり、分離していても安定してくる。また子ども同士の関わり合いも出始め、ふざけあったりけんかになったりと遊びの中でいろいろな展開をしてくる。

⑤ 幼児期後期（3歳から6歳）

3歳になると乳児から幼児へと体型も変わり子どもらしくなってくる。追いかけっこをしたり、飛んだり、はねたりといった運動機能も高まる。三輪車をこいで動かすことや、片足けんけん、ジャングルジム、ブランコといった遊具を楽しむこともできるようになる。絵画に関しても人の顔らしきものを描いたり、頭や足を持つ人というようなものが描けるようになる。自分に与えられた役割も理解できるようになり、お手伝いができる。衣服の着脱なども器用に手指を使いボタンをはめたり外したりできるようになり、スプーンを上手にもったり、箸に興味を持ち使い始める。

絵本や人の話にも興味をもち言葉への関心も深まっていく。数量にも関心を持ち始め1，2，3と数字をいってみたり色の種類、形にも関心が広がる。4歳では数字でも5つぐらいまでは理解できるようになる。5歳ごろからは字を読むこと、書くことも出来るようになってくる。自分の体験や思った事柄、感じたことも言葉で表現し、相手に伝えようとする[4]。

2．発達障害と愛着障害

発達障害とは、一般的に、乳児期から幼児期にかけて、身体や、環境などのさまざまな要因が影響し、知的機能の「遅れ」や心の状態の「歪み」、発育の途上における機能獲得の困難さが生じる状態をいう。発達の「遅滞」や「ゆがみ」は、決して固定していて、不変のものではなく、適切な学習環境などの環境設定をすることにより、発達を促し、「ゆがみ」を変容していけるものであるとも言われている。そのために早期に発達

障害を見つけて、適切な療育の環境を提供してあげることが大切である。保育所は、その意味においては、健診などで見逃された発達障害を早期発見しやすい場と言える。保育の場は、初めて他者（保育士や他の児童）と出会い集団生活を営む場であり、こうした意味で発達障害についての理解が重要である。

　心理的発達に関する障害というと、親の愛情不足や育った環境が悪かったために正常に発達しなかったと思う人もいるが、児童精神医学では、発達障害は生物学的要因による障害であり、養育態度の問題など心理的な環境要因や教育が原因となったものは含めないことになっている。心の問題を抱える子どもの多くは先天的（生まれつき）であるが、そうでないものでは、比較的低年齢に生じた他の病気の後遺症（たとえば重篤な病気、脳の損傷など）によるものもあったりする。発達障害の代表的なものには、精神遅滞、広汎性発達障害（自閉症・アスペルガー症候群など）、特異的発達障害（学習障害（LD）、運動能力障害）、注意欠陥・多動性障害（ADHD）などがある。

（1）精神遅滞

　以前の日本では、「精神薄弱（せいしんはくじゃく、略称・精薄）」という用語が広く使われていた。法律でも使用されていたが、精神障害と混同されやすいため、関係団体などによって「知的障害」という用語が使われるようになった。平成12年（2000年）3月からは法律上の表記も、知能面のみに着目した「知的障害」という用語に改められている。

　かつては重度知的障害を「白痴（はくち）」、中度知的障害を「痴愚（ちぐ）」、軽度知的障害を「魯鈍・軽愚（ろどん、けいぐ）」と呼称されており、これらの用語は法律などにも散見されていたが、偏見を助長するとして「重度」「中度」「軽度」という用語に改められている。

　医学的には「mental retardation:MR」の訳として「精神遅滞（せいしんちたい）」、「精神発達遅滞（せいしんはったつちたい）」という用語

が用いられている。これらは「知的障害」と同じ意味で使われる場合が多い。

　DSM-IV（アメリカの精神医学診断基準）やアメリカ精神遅滞学会（AAMR）の定義では、「精神遅滞」は「知的障害」の症状に加えて生活面、すなわち「意思伝達・自己管理・家庭生活・対人技能・地域社会資源の利用・自律性・学習能力・仕事・余暇・健康・安全」のうち、2種類以上の面にも適応問題がある場合を示す。しかし、こういった生活面に適応問題があるかどうかを判断するのは難しく、現実的には知能指数のみで判断しているのが現状である。

　また教育分野や行政やマスコミなどでは、「知的障害」や「知的発達障害」や「知的発達遅滞」と呼ばれることが多く、医学関係では、「精神遅滞」や「精神発達遅滞」と呼ばれることが多いのが現状である。

知的障害の原因について

1）身体的原因

　ダウン症候群などの染色体異常・低機能自閉症などの先天性疾患によるものや、出産時の酸素不足・脳の圧迫などの周産期の事故や、生後の脳炎や外傷の後遺症などの、疾患・事故などが原因で生じる。脳性麻痺やてんかんなどの脳の障害や、心臓病などの内部障害を合併している（重複障害という）場合も多く、身体的にも健康ではないことも多い。染色体異常が原因の場合は知的障害が中度・重度であり、外見的には特徴的な容貌であることも多い。

2）生理的原因

　特に知能が低くなる身体的疾患があるわけではないが、たまたま知能指数が低くて障害とみなされる範囲（IQ70または75以下）に入ったというような場合がある。知的障害がある親からの遺伝や、知的障害がない親から偶然に知能指数が低くなる遺伝子の組み合わせで生まれたことなどが原因になったりする。身体的な合併症はないことが多く、健康状

態は良好である。精神遅滞の大部分はこのタイプであり、知的障害は軽度・中度であることが多い。

3）心理社会的原因

　養育者の虐待や会話の不足など、発育環境が原因で発生する知的障害を指す。リハビリによって知能が回復することは可能である。離島や山岳地帯や船上などの刺激が少ない環境で成育した児童の場合も、IQ が低い場合が多いと言われている。IQ テスト自体が○や△など抽象的な図柄を見分けるといった文明社会に馴染んだ者にとって有利な問題となっていることも要因とされる。知能検査は、都会生活を経験したことのない先住民族などには不利な評価が下されがちである。ジョディー・フォスター主演の映画「ネル」の主人公は、失語症の母親によって山岳地帯で育てられた、ネルの自立能力をめぐり医師たちが論争を繰り広げていた。

4）知能指数による分類

① ボーダー（境界域）

　知能指数は 70 ～ 85 程度である。知的障害者とは認定されない場合が多いが、認定されないために支援を受けられずに、かえって厳しい状況におかれることもある。保育所ではほとんど見分けがつかない。

② 軽度

　知能指数は 50 ～ 70 程度。理論上は知的障害者の約 8 割がこのカテゴリーに分類されるが、本人・周囲とも障害にはっきりと気付かずに社会生活を営んでいて、障害の自認がない場合も多いため、認定数はこれより少なくなる。生理的要因による障害が多く、健康状態は良好であることが多いが遊びや課題への取り組みで遅れが示される。

③ 中度

　知能指数は 35 ～ 50 程度で保育所での集団生活には適応し難い。

④ 重度

　知能指数は 20 ～ 35 程度。合併症を伴うことが多い。

⑤　最重度

　知能指数は20以下。大部分に合併症が見られ、寝たきりの場合も多い。しかし運動機能に問題がない場合もあるため、多動などの行為が問題になる場合があり、「動く重心児」という呼び方をされる子どもいるようで、今後の対応や援助が課題である。

（2）高機能広汎性発達障害
1）自閉症（Autism）

　コミュニケーション能力の発達が遅滞する発達障害の一種である。高機能自閉症と低機能自閉症があり、ただ単に「自閉症」という場合は、後述する低機能自閉症の事のみを指している。

　現在では先天性の脳機能障害によるとされており、多くの遺伝的因子が関与すると考えられている。日本では1000人に1～2人の割合で生じている。男性に多いのが特徴である。

　日本自閉症協会によると現在全国に推定36万人。知的障害を伴わない高機能自閉症など含めると120万人と言われている。

　自閉症児は、おもちゃ・本物の自動車の車輪や床屋の回転塔などの回転するものへの強い興味を示す。数字や風景などに対する高い記憶能力、ある特定の音に対する強い不快感、物を規則正しく並べる行動、何かして欲しいことがあった場合に、近くの人の手を引っ張って対象物まで持っていく「クレーン現象」という行動などの特徴も認められる。

　また他人のすることを自分の立場に置き換えられずにそのまま真似するため、手のひらを自分側に向けてバイバイしたり、自分のことを「あなた」などの二人称で、相手のことを「わたし」などの一人称で呼んだりするなどの現象が見られる。

　自閉症児者は、耳で聞くことよりも眼で見ることの方が認識しやすいという視覚優位の特性がある。このため、自閉症児に注意を与えるときは紙などに書いて見せると効果があるとされる。ある学校で自閉症者が

噛み付くなどたびたび問題を起こし、口頭で何回も注意を与えても改善しなかった。しかし、机の前に注意書きを置いたところ、問題行動はぴたりと収まった。

① 自閉症の分類

　自閉症は症例が多彩であり、健常者から重度自閉症者までの間にははっきりとした線はなく境界が曖昧であるため、その多様性・連続性を表した概念図を自閉症スペクトラムと呼ぶ。「高機能自閉症」と「アスペルガー症候群」、「低機能自閉症」と「カナー症候群」は基本的には同じものであり、臨床的には区別しなくてもよいとされている。

（低機能自閉症）

　自閉症スペクトラムのうち、知的障害があるもの（一般的にはIQ70以下）が低機能自閉症やカナー症候群と呼ばれている。自閉症研究の初期は主にカナータイプが問題視されていたため、古典的・典型的な自閉症といえばこのタイプのことである。

（高機能自閉症）

　自閉症スペクトラムのうち、知的障害がないもの（一般的にはIQ70以上）が高機能自閉症や、現在ではアスペルガー症候群と呼ばれている。「高機能」というのは知能指数が高いという意味であるが、平均的な健常者より高いとは限らず、知的障害との境界域の場合もあれば、平均的な健常者を上回る場合もある。

② アスペルガー症候群

　現代では耳にすることが増えたアスペルガー症候群は発達障害の一種で、一般的には「知的障害がない自閉症」と定義されている。アメリカ精神医学会の診断基準（DSM-IV-TR）ではアスペルガー障害と呼んでいる。

　この症候群は、対人関係の障害や、他者の心の推し量り能力、すなわち心の理論の障害が特徴とされる。特定の分野への強いこだわりや、運動機能の軽度な障害も見られる。

　人は他人の仕草や雰囲気から多くの情報を集めて、その人の心の状態を推し量る能力がある。しかし、アスペルガーの人はこの能力が欠けているために、さまざまな場所で適応が困難になる。アスペルガーの人は、他人が微笑むことに対して、それを見ているだけでその微笑が何を意味していることが分からない。（微笑みの持つ、非言語的な意味、つまり、好意なのか、哀れんでいるのか、あるいは悪意をもった微笑みなのか）が理解できないのである。また、微笑み、きざな笑い、顔をしかめていること、その他あらゆる人間間のコミュニケーションにおけるニュアンスを理解することができない。アスペルガーの人は行間を読むことが苦手あるいは不可能で、すなわち人が直接言わなくても伝えたいことを理解することができない。しばしばアイコンタクトに困難を来している。多くの場合殆どアイコンタクトをせず、それがドギマギするものだと感じており、一方他人にとって不快に感じる程じっとその人の目を見つめてしまうようなタイプの人もいる。保育所場面では、はっきりと明確に字に書いたりして、具体的に指示を出さないと集団行動になじめない。

　アスペルガー症候群の人は興味の対象に対して偏執的ともいえるレベルの集中を示す。しばしば特別な才能として認識されることがある。例えば戦車に執拗に執着して、模型をつくるといったようなことに執りつかれる。彼らの興味は鉄道・自動車、コンピューター、恐竜等であったりする。これらの興味対象に対し百科事典レベルの大量の情報を記憶する極めて特殊な能力が伴うことがある。こうした能力のために、研究者の中にもアスペルガー症候群の人が隠れている。

　アスペルガーの子どもはしばしば学校でのいじめの対象になりやすい。なぜなら彼等独特の振るまい、言葉使い、興味対象、そして彼等の非言語的メッセージを（特に他人とのあいだに軋轢があるような場面で）受け取る能力の低さあるいは遅れがその原因となるからである。

　アスペルガーの子どもは感覚的に負荷が過重にかかっている場合もあ

り、騒音、強い匂いに敏感で、あるいは接触されることを嫌う場合もある。例えば頭を触られたり、髪をいじられるのを嫌う子もいる。この問題は、例えば、教室の騒音が彼等に耐えられないものである場合等、子どもが学校での問題をさらに複雑にする。

　行動の特徴として、「やまびこ」のように、言葉やその一部を繰り返す反響言語と呼ばれる症状を示す場合がある。アスペルガーの子どもは同年齢の子どもに比べて、読み書き、算数、空間認知能力、音楽などで、能力的に優れているが、コミュニケーション能力が落ちているため、保育所では不思議な印象を与えるかもしれない。

２）注意欠陥・多動性障害（AD/HD：Attention Deficit/Hyperactivity Disorder）

　多動性、不注意、衝動性を症状の特徴とする発達障害の１つである。その症状により様々なタイプがあり、注意力を維持したり、様々な情報をまとめることを苦手とすることがほぼ全ての場合共通としている。

　通常就学前までに症状が確認される発達障害の一種で、集中困難・過活動・不注意などが一生にわたって持続する。過活動が顕著でない不注意優勢型の場合、周囲が気付かない場合も多いようである。

　症状は育て方や本人の努力で変化することはない。

　年齢が上がるにつれて見かけ上の「多動」は減少するため、以前は子どもだけの病気で成人にはないと信じられていたが、現在は成人のADHDも認められる。

　成人においては、時間が守れない、物の整理や情報の管理ができない、大切なことを忘れる、見通しをつけるのが苦手で、衝動的に行動してしまう、注意力を持続することができない等、日常生活をきちんとこなす能力に欠陥が現れる。先延ばしも問題になる場合が多い。本人が努力しようとしている場合でも、人と同じように行動できないことが多く、周囲の理解や本人自身の理解も無いことにより劣等感からうつ病や不安障

害などの二次障害を生じる危険性が高くなる。基本的な障害を抱えた上での社会適応は環境に依存している。またこれら欠点を持つことと同時に、優れたアイデアを思い付く人や、興味のある対象に対する強い集中力、行動力を示す人もいることが知られており、社会的に成功している人もいる。

3）学習障害（LD：Learning Disorder）

　学習困難（Learning Disabilities）とも言われている。複数で表記されていることからも分かるように、単一の障害ではなくさまざまな状態が含まれる。LD は、言語性 LD と動作性 LD に大別される。言語が不器用な言語性 LD は、知的障害に近い印象を与える。そのため障害者認知がされやすく、たまに出来る領域があれば、人から褒められる。しかし、動作が不器用な動作性 LD は、意思表示に問題がないから、障害者認知が受けにくく、むしろ社会で不適応を来たす。なまじ言語性学習能力が高いと、「口先だけ」「生意気」との誤解を招き、辛い立場に置かれやすい。特に、保育所から小学校低学年までは、同世代も動作性学習能力だけを評価の対象にするため、同世代からも無能力の評価を受けやすい。

　運動機能でバランス感覚を欠き、体を動かすことに著しく困難を覚える子が多いため、リハビリテーション医学の分野でも研究が行われている。

　アメリカの連邦合同委員会は「学習障害とは、聞き、話し、書き、推理する能力、算数の能力を取得したりするのが著しく困難な、さまざまな問題群の呼び名である。この問題は、生まれつきの中枢神経の働きの障害によるものと考えられている。学習障害は、他のハンディキャップ（たとえば、感覚の障害、知的障害、社会性や情緒の障害など）や不適切な環境（文化的な違い、望ましくない教育など）からも生じるが、ハンディキャップや環境から直接生じるものではない。」（1981年　学習障害に関する連邦合同委員会報告）と定義している。

行動の特徴

・落ち着いて座っていることができない。多動、過活動を示す。

・左右の認知に問題があることから、運動が下手である。

・からだの平衡感覚が著しく悪い。

・文字を書くと左右がひっくり返った鏡映文字になる。

・情緒が不安定で、衝動的な行動に走ったりする。

・発音と聞き取りの障害。ことばが遅れる、特定の音が抜け落ちる。

・抽象的に物事を考えることができない。

こうしたLDの子は全体的な能力で劣っているとは限らない。一部の認知・運動能力の障害以外には問題がないことも多い。したがって進学もケースにより可能である。

まれにそれ以外の特別な能力、天賦を与えられていることさえある。幸運な成功者の例としてトーマス・エジソン、アルバート・アインシュタイン、トム・クルーズなどがあげられている。

LDの種類には次のようなものがある。

① 読字障害（Dyslexia）：特定の字などが読めず、単語の意味を取り違えたりする。

② 書字表出障害（Dysgraphia）：書くという作業ができない。

③ 計算障害（Dyscalculia）：計算ができない。紙に書いてする計算も暗算も困難。

④ 言語障害（Language disorder）：自分のことを口に出して語れない。

⑤ 聴力障害（Auditory disorder）：聞いて理解ができない。背後に雑音がある場合音を聞き取れない。言葉で語られると思い出せないなど。

⑥ 空間認知障害（Spatial organization disorder）：立体的な空間が理解できない。

⑦ 記憶障害（Memory disorder）：時間割、歴史的な事件などを思い出せない。

⑧ **社会スキル障害**（Social skill disorder）：顔の表情やボディーランゲージを読み取ることや、声の抑揚で怒っているとか馬鹿にされているといったことが理解できない。

2000年から、日本LD（学習障害）学会が学会認定資格として、LD教育士という資格を設けている。LD/ADHDの子どもたちの発達支援をする特別支援教育士という特別支援教育士資格認定協会が認定する民間資格となった。

（3）愛着障害

胎児期から3歳までが、人間の一生で脳がもっとも急速に発達する時で、育児環境の質の良し悪しが、その発達していく脳の組織と機能に深い影響を及ぼす時期であることが明確になってきた。この発達期に長期にわたる虐待や放置や一貫しない育児方法、何時も異なる世話人等を経験すると、それは、トラウマ的（心的外傷的）経験として、幼児期に持続する過覚醒反応を起こさせ、脳神経発達や、中枢神経系統に障害を与えると言われている。こういった子どもたちには、往々してPTSD（心的外傷後ストレス障害）の症状が出るようになる。人間の顔の表情（例母親の笑顔など）に敏感に反応する脳の部分が充分に育たないため、衝撃的で暴力を振るう傾向になると言う。

日本の児童養護施設には、虐待・放置のため親から引き離された子どもや、複数の世話人に育てられた子どもたちが大勢入園している。その中の何人かは、重度の愛着障害により、反社会的な、攻撃的な行動で、施設の職員を悩ませている。下記にヘネシー澄子教授のまとめを記載する。

1）愛着障害の症状

① 行動

衝動、刺激、欲求不満に自制がきかず、反抗的、挑戦的、衝撃的、破壊的行動が目に付く。反社会的問題行動（嘘をつく、盗みをする、物を

壊す、火を付ける）を起こしやすくなる。自分を愛そうとする人の言動を束縛と感じて攻撃的、または自虐的、自滅的行為で反応する。他虐的で、動物や自分より弱者に残酷である。自分に注目を集める行動にでる。（間断無くしゃべったり、まとわりついたり、なかなか座ったり寝付いたりしない。また食べ物を隠して溜めたり、暴食したり、難点を示す。

② 感情

恐怖感と不安感を隠し持ち、その現れとして激怒反応を起こしやすい。直面したことに対して不適応な感情反応を起こすので、むら気、怒りっぽいとみられる。抑鬱症状を根底に持つので心から楽しんだり喜んだり出来ない。未来に対して絶望感を抱いている。

③ 思考

基本的に自分自身、人間関係、人生に対して否定的、消極的な考えを抱いている。

原因と結果の関係が分からなくなる。常識が無い。物事に集中できず、年齢相応の考え方が出来ない。学習障害が目立つ。

④ 人間関係

人を信じない。威張り散らす。人を操ろうとする。心からの情愛や愛情を受け入れず自分も与えることが出来ない。知らない人には、誰でも構わず愛嬌を振りまく。同年代の人たちと長期に渡る友人関係が保てなくなる。自分の問題や間違いを他人のせいにする。自分に対して権限を持つ人と慢性の、間断無い抑制競争（権力争い）を起こす。（親が子どもをコントロールするか、子どもが親をコントロールするかの、終わりなき戦いを繰り広げる。自分はいつも被害者だと確信しているので、教師、医者、セラピストを操って、専門家と親との間に確執を起こす。

⑤ 身体的

非衛生的、触れられる事を嫌がり、遺糞症、怪我しがちで、痛みに対して忍耐強い。

遺伝的に過激行動や抑鬱症がある。

⑥ 道徳的・宗教的

　共感、信心、同情、後悔、社会的な価値観念に欠ける邪悪な人生の暗い側に自分を合わせることを示している。

（4）他の問題

　① **かんもく**　他の状況で話すことはできるが、特定の社会状況（保育所、幼稚園、学校などでは一貫して話すことができない。

　② **チックなど**　運動性チック、音声チックがある。突発的、急速、反復性、日律動製、常同的な運動あるいは発声がある[5]。

3．児童虐待

　増え続ける児童虐待は、児童相談所で対応している児童虐待相談件数の推移でも増加が示され、2018年（平成30年）で母親159,850件に達している。この年の虐待内容相談件数で一番多かったのが、心理的虐待88,389件（55.3%）、次に身体的虐待で40,256件（25.2%）、ネグレクト29,474件（18.4%）、性的虐待1,731件（1,1%）となった[6]。

　また相談対応経路別件数においては、警察等79,150件（50%）、近隣、知人21,440件（13%）、その他18,138件（11%）、学校等11,449件（7%）、家族11,178件（7%）であった。

　この中の問題とされる同時に公表された「子ども虐待による死亡事例等の検証結果等について（15次報告）」では、2016年度（平成29年4月1日から平成30年3月31日まで）の間には、心中13人を含む65人の子どもが虐待で死亡しており、死亡した子どもの年齢は0歳が28人（53.8%）で最も多くなっている。しかも月齢0ヵ月が14人（50%）であり、0歳児の乳児の死亡が確認されている[6]。

　虐待の予防には、このように乳児を扱う保育士が早期発見を行い問題を深刻化しない状況で早期の支援を行うことが重要である。

　児童虐待の家族、親子関係の間には一体なにが起きているのか、その

発見のために保育士に必要な観点を以下に述べる。

　保育所生活で現れる子どもの問題行動が虐待のサインであることも多い。虐待されている子どもは情緒的に不安定で時折衝動的に攻撃性をみせたり、周囲の子どもたちへの暴力や乱暴な言葉使いをしたりして問題を起こす場合がある。また子どもによっては異常な怯え方をし、周囲に敏感であったりする。子どもの衣服も汚れておりひどく不衛生であることも早期に気づくポイントになる。時には顔を腫らしてくる、身体にタバコによるやけど傷、身体に残る打撲傷など様々の側面から子どもの様子を窺い知ることができる。「問題を起こす子ども」という視点で見られがちであるが、実際子どもが表す問題の背景には、子どもに落ち着きがない、怯えた表情などが保育活動中の遊びなどに現れることがあり、日ごろ観察される子どもの示す問題行動などが虐待の早期発見の糸口となり、予防につながることもある。日々保育現場では子どもの様子や対応に配慮して、児童虐待への予防にむけた関わりをしっかりと理解して行っていくことが必須の課題である。

　虐待のサインは、子どもが描く絵、子どもの遊び、保育士に向けた態度などに現れる。以下の事例は早期の発見者として、被虐待児童が保育場面で描いた絵である。

　本事例は家族再生がテーマにあり、家族の問題を子どもが表していたものである。

　家族構成　Ｍ男５歳男児、Ｎ男３歳男児を連れて母親が再婚、結婚相手である男性にもＯ子８歳女児の連れ子がいた。新たな希望をもって生活をスタートさせたが、Ｍ男の保育所生活では乱暴な行動と言動が目立ちはじめ、担当保育士がＭ男の対応に苦慮していた。Ｍ男は、父親と違う男性と女児が自分たちと生活を共にすることを反対しており、Ｍ男は毎日のように新しくできた父親に反抗しては、激しく怒られる生活が続いていた。家で怒られ、保育所では保育士に怒られ、反抗的で感情の起伏の激しさはますます増し、他の子どもを殴り罵倒するなど、

M男の言動や行動はエスカレートするばかりで、保育所はクラスがまとまらない状況になっていた。その時M男が保育場面でみせた絵から、色々な事柄を想像することが理解でき、また発見することができた。以下の絵にM男の絵を示す（注1）。

絵1　いつも怒られているぼく

絵1は、自分を示すウルトラマンを青と黒く塗りつぶしており、子どもが否定されている気持や叱咤されている悲しみを表現している。ウルトラマンの顔は怒っているようにも見え、これは親の表情を投影したものとも読み取れる。左下の隅にいるのは母親と弟かもしれない。

　絵2は、左側の亀が弟、上を向いている亀がM男だと思われる。このテーマは「弟が怒られてかわいそう」であった。弟が親から怒られて手が出せない様子を亀がひっくり帰った状態で表している。M男は何もできないで途方にくれている。あるいは悲しい叫びのような表情にも思える。過酷な家族環境であるが弟思いのM男の気持ちが絵には表現されている。

絵2　弟が怒られてかわいそう

絵3　怒っているぼく

絵3は、「怒っているぼく」というタイトルをつけた。絵画療法で力をもらったのか力強さもあるが、後ろからは鳥が追いかけてきている。後方の鳥は親を表しているのかもしれない。怪獣の表情には怒り、そして怒りの象徴である火を吹いている。上には自分の援軍と思われるヘリコプターがいて監視している。これは、関わりを持ち始めた筆者なのかもしれない。

絵4は、M男の説明では、大きな虫と1匹の蟹との戦いで、大きな虫にはアリが群がっていると表現している。

義父が真っ赤な得体の知れない虫として描かれ、母親である小さな虫が得たいの知れない虫に、泣

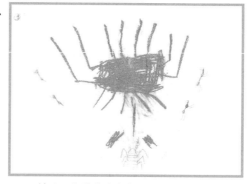

絵4　お父さんとお母さんのけんか

きながら訴えている様子がわかる。義父の象徴である虫の上には、数匹のアリがいて、これらは支援者としての保育士を表現しているとも言えよう。母親が傍観者から子ども応援役に変化したことも表れている。

絵5は、保育士の母親支援により母親の気持ちは安定し、家族関係がバランスを取り戻してきたころの絵である。飛び立とうとしている鳥は、自分を表しているのであろう。またそれを囲む青色は空のようにも海の

ようにも見え、母性をM
男が体験してきたことを
表現している。

絵5　これからのぼく

（1）児童虐待が起こる要因
① 親の要因
- 幼い頃自分自身が身体的虐待、養育拒否・ネグレクトなどを受けた体験がある親
- 精神疾患、アルコール、薬物依存の養育環境を体験した親
- 偏った養育態度で、子どもの目線で子どもを養育できない親

② 子どもの要因
- 親の意向に従わない子ども
- 生まれることを望まれなかった子ども
- 非血縁の子ども
- 愛着形成不全にある子ども
- 発達や発育に障害がある子ども

③ 収入が安定せず常に生活が危機的状況にある家庭環境
- 夫婦間に離婚問題が生じている
- 暴力DV
- 失業、借金
- 狭い居住空間で子どもが多い

④ 家族関係の問題

　嫁と姑の確執、夫婦葛藤、望んでいなかった結婚、夫の不在、浮気などの夫の問題

（2）児童虐待発見にむけた視点

- ・親と子どもの関係に気になる不自然さはないか
- ・不自然な怪我、やけど、痣や打撲、骨折など身体の繰り返す外傷がある
- ・親の説明と実際の状況が明らかに食い違っており、話の内容がその時々によってかわり、話している事柄に一貫性がない。
- ・子どもの表情に怯えた様子が見られたり感情が乏しい
- ・赤ちゃん返り等、今までできていた行動ができなくなる
- ・母親の子どもに対する対応が異常に厳しかったり、険しい目で子どもを見る
- ・子どもに乱暴する
- ・親子関係が逆転していて、子どもが親や兄弟姉妹の面倒をみている

　このように、虐待では、家族状況を把握していなければならないと考える。医療、保健、教育、福祉との連携をとり虐待への早期発見、予防に取り組むことが重要な仕事になる。

（3）児童虐待への対応

　児童虐待は、家庭の中で起こりしかも密室であるがゆえに発見しにくい。これをいかに早期に発見し、適切な対応を行うことが重要である。

　最初に保育所担任保育士による虐待の早期発見（子どもの様子、子どもの行動、身体の怪我等）がある。この保育所担当保育士の虐待発見から保育所の役割機能として児童相談所へ通告を行うことで、児童相談所は、通告を受けて状況を判断し、緊急な場合は子どもに一時保護等の措置を行う。また保健所では加害者である母親等の精神的な問題について

も慎重に取り扱い、病院への紹介、また入院治療等への支援手続き等を行い、児童虐待がこれ以上行われないような介入方法がとられ、家族にも必要な対応が施される。しかし早期発見ができず幼い子どもの命が失われるような深刻な問題は後を絶たない。

　このように保育所で発見された虐待の問題を医療関連や他機関との連携し対応することは子どもの命を保障するために重要であり、保育所は児童虐待の問題を深刻化させないためのコラボレーションが役割機能になっている。

4．家族を理解するための理論

（1）家族とは何か

　家族についての定義は学派によって異なっている。例えば、精神科医のN.アッカーマン（1958）という家族療法家は、「家族とは、メンバーの身体的生存を保障し、人間らしさを形成する2つの目標を持つ基本的な集団」と定義している。アッカーマンの家族療法では、こうした家族の目標を明確にして、家族の価値や役割に焦点をあてて介入している。子どもの養育という点で言えば、子どもの生存を保障し、人間らしさを形成するとことになるだろう。こうした家族の基本的な機能すら低下している家族が虐待家庭ではないかと思われる。

　ソーシャルワーカーのV.サティア（1970）は、「家族とは、自己評価の獲得がなされる場である」と述べている。サティアは家族の中の感情を大切にして、メンバーの一人ひとりが、自分の存在を理解し、他者に、自分についての理解の仕方を伝えることができるようになること、家族の一人ひとりにかけがえのなさが認められること、そして、そのかけがえのなさが成長に役立てられるようになることを重視して家族療法を行っている。かけがえのなさ、この言葉は育児において大切な言葉である。家族メンバーの一人ひとりが、子どもの存在にかけがえのなさを体験できるように保育士も配慮する必要がある。

精神科医の M. ボーエン（1961）は、家族を 1 つの情緒的関係のシステムと見なしている。家族とは、情動単位であり、家族は「情動の場」であると述べている。家族の健康度は、感情システム（感情的機能）と知性システム（大脳皮質の機能）の融合の程度で理解される。2 つのシステムが融合していると感情システムに家族関係は支配されてしまう。そのため感情と知性の分化度が低ければ低いほど、メンバーは家族関係の影響を受けやすくなる。家族療法では、ジェノグラム（家族関係図）を有効に活用し、家族の歴史を理解して、自分自身を対象化して知性でとらえることを促進する。子育ての場面では、親の誰もが「イライラ」したりする。つまり感情が昂ぶる。しかし、そこを理性や知性でコントロールして、適切な養育環境を提供することが大切である。虐待家庭の多くは、親に生じたイライラを子どもにぶつけてしまう。子どもや親の感情の捌け口のようになっている。また、ジェノグラムを作成すれば、親自身が親から虐待やネグレクトを受けていたことが明確にもなる。

　看護学者であるスチュアート（2003）は、家族の属性について次のように述べている。

① 家族

　家族とは、その成員が自分たちで決定したひとつの社会システム、または単位であり、つねに変化する性質を持っている。

② 家族成員の関係

　家族成員の関係は、出生、養子縁組、結婚の有無や同居しているかどうかにはかかわらない。

③ 家族という単位

　家族単位は、依存している子どもたちがいるかどうかにかかわらない。

④ 家族成員間の役割

　家族成員に責任と愛着が育ち、将来に対する何らかの義務を行う。

⑤ 家族単位

　家族単位は、保護、養育、および子どもの文化的価値の学習について

一次的な情報源となる社会化というケア機能を遂行する。

　子どもの育児において、健康な家族とはどんな家族なのであろうか。比較的うまく機能している家族というのは次のような形態を持っている。

⑥ ケアが円滑に機能している

　ケア（養育）が適切に行われ、最小限の労力で最大限のケアが行われていれば理想的である。親も子どももマイナス感情（怒り、イライラ、悲しみなど）が少なく、自尊感情の向上や感謝などのプラス感情が高まっている状態が望ましい。

⑦ 社会との密接な関係を維持している

　育児に関する外的支援（マンパワーや情報の提供）が適切に行われていること。つまり、福祉、行政、医療の領域との密接な連携が確保されていることである。親は、会社、学校、アルバイト先、パート先との関係を密接に維持できていて、育児についてちょっとした相談にのってもらえることが大切である。密室育児になってしまう背景には、社会と上手な関係がもてない場合があげられる。

⑧ 役割分担

　育児について役割分担が出来ているかどうかが重要である。育児には直接的ケア（食事や排泄の世話など）と、間接的ケア（買い物、送迎、ごみ捨て）などがあるはずである。母親だけでなく父親や兄弟が育児の一翼を担っているほうが、家族としてのチームワークが高まる。

⑨ コミュニケーションが円滑

　不安や不満などのマイナス感情も、楽しかったことうれしかったことなどのプラス感情も家族の中でオープンできることが大切である。それぞれが、他のメンバーの意見について聞く耳を持っていることが重要である。

⑩ 互いの感情について十分に理解しあえている

　母親は今現在、どんな感情で育児しているのか。子どもは母親と関わる時にどんな感情を抱くのか。他の家族メンバー（同胞、配偶者）はど

のような感情に支配されているか。こうしたことが、互いに共有されていることが大切である。

⑪ メンバーそれぞれの自分を生きている

　母親が一人で育児を担っていたとしても、母親には別の側面があるはずである。それは妻として、趣味をもつ女性として、働く女性として等であり、こうした側面は、出来る限り維持されるべきである。育児だけに自分を閉じ込めてしまうとストレスは溜まるばかりである。

（2）家族をどのように理解するか

　家族を理解するということの意義はどんなところにあるだろうか。

　家族にはそれぞれ個性があり、家族特有の文化や歴史がある。どんな家族が良い家族で、どんな家族が問題のある家族かを判断するのは難しい。しかし、家族療法の領域では、IP（家族の病理を代表して症状として表出するメンバー）が出現する家族には、なんらかの機能不全や構造的問題が生じており、家族システムのあり方を判断することの重要性は共通認識となっている。

　N.アッカーマンは家族を診断している。適切な治療のためには適切な診断が必要と考えているからである。アッカーマンの家族診断は医学の考え方に沿っており、家族メンバーの性格特性（パーソナリティ）、社会的役割、これらの相互作用といったメンバーの個人特性と、家族としての同一性と安定性を評価する。そしてそれらが、どのような相互作用を持って家族を営んでいるかを理解している。個人のパーソナリティが育児に及ぼす影響は大きい。世話を焼きたい気持ち、依存心の程度、孤独感など、母親のパーソナリティと育児が相補的な関係をなしていることもあれば、感情的であったり、自己中心的であったり、就労志向が強かったりする場合には、家族の中で育児を担うことは重荷になる。母親のパーソナリティを理解するためには実際に会って話をしなければならない。母親がどのようなことに興味を持ち、どのような生活スタイル

を持って生きてきたかなどを知ることは大切である。

　アッカーマンによれば、私たちは社会生活の中で、自分たちの同一性を表現し、実現しようと努力していると述べている。これは、家族も同様で家族の持つ価値や意識、つまり「我々は、○○家の一員である」「我々の家族では○○が最優先される」などの、さまざまな家族同一性を持っていることである。こうした家族同一性は、個人の自己同一性と結びついていれば安定する。たとえば、実際に若い夫婦が結婚しても、母親のほうが、いつまでも実家の娘の気持ちでいれば、新しい家族同一性をつくりあげることが難しくなるからである。

　安定性とは、生活状況を変化させようというストレス（経済的問題、仕事のストレスなど）が加えられる中で、家族同一性を保ち、メンバーの個人同一性を保持する機能である。安定性は、家族がそれまでの歴史の中で、与えられた葛藤や課題をいかに乗り越えてきたかで判断される。新しく形成された家族は、さまざまな変化に直面するが、一時的に家族関係が揺らいでも、なんとかやりくりしながら安定性を取り戻す。夫が仕事をリストラされても、家族の安定性が強ければ、なんとかしのぎ、育児に支障がないように機能する。安定性が取り戻せない家族については、家族関係やメンバーのパーソナリティが問題であったり、安定性を脅かすストレスが強烈だったりするのであろう。

　家族療法家のV.サティアは小学校教員でもあった。彼女のワークショップの参加者は、熱狂し興奮して彼女に同化していき、彼女から癒しの業を学ぶと言われる。サティアは診断については、あまり重きを置いていなかった。診断は患者、家族よりも治療者を助けるためであり、時に治療者は診断をつけるだけで満足してしまう危険を持っていると指摘している。家族の個別性に配慮がなければ治療は意味を持たないとサティアは述べている。サティアは、家族のコミュニケーションとそこに流れる感情を評価の対象にしていた。サティアは家族の中のコミュニケーションに対して、メンバーそれぞれがコミュニケーションと感情を

どのように体験しているかに注目しており、その体験の差を家族療法の中で明確にしている。また、サティアはメンバーの自己評価という点にも着目している。家族は本来、健康な自己評価が獲得される場所である。ところが、健康な自己評価が育まれず、家族で尊重されることなく育ったメンバーは自己評価を下げてしまう。アダルトチルドレンなど幼少時期に虐待に出会っている人たちは低い自己評価で生活している。自己評価が低い家族メンバーは、他の家族メンバーの影響を受けやすく、他の家族メンバーのために行動を選択してしまうからである。

　サティアは、家族の中の感情を大切にしている。他の家族メンバーが自分のことをどのように考えているか、家族についてそのメンバーはどのように体験しているかを明らかにしている。彼女は治療者自身のパーソナリティや情緒的コミュニケーションを上手に活用し、家族の中の感情を明らかにしている。そして、受容されている感覚が家族には重要であるとしている。母親の中には他の家族メンバーに不満の一つも言わず、黙々と育児を続けている人もいる。そのような時には母親の自己評価のあり方に着目して母親が、他の家族メンバーにどのように受容されているのか、また母親が家族をどのように体験しているのかなど、家族面接の中で明らかになるからである。

　M. ボーエンは家族の歴史に焦点をあてて家族を評価している。彼はジェノグラムを有効に活用した家族療法家である。遊佐安一郎（1990）はボーエンの家族評価を次のように示している[7]。

　① 主訴の歴史、

　② 核家族の歴史、

　③ 夫の拡大家族の歴史、

　④ 妻の拡大家族の歴史、

　⑤ 要約

以上5項目に概略している。

　家族には、主訴すなわち症状がある。その症状は子どもの問題行動で

出現しやすい。心身症になったり、不登校になったりすることで、子どもは家族の問題についてのサインをだす。

　筆者が体験した、がんの母親と不登校である娘の事例では、母親の病気の悪化に伴い、一時帰宅していた母親の様子を見て、学校にいる間に母親が亡くなるのではないかと娘の不安が募り登校できずにいた。両親と本人を交えての家族面接を通じて、家族に関わり家族の秘密とされていた「母親のがん」を家族間の話題として話し合った。娘は思いを母親に告げ、母親は娘に今ある命と生きる意味を語り、この語りの時間と空間が家族の大切な共有時間と穏やかに流れる時間となった。この対話を通じて、父親、母親、娘の間にしっかりとした家族の絆が築かれ、娘は登校を再開し始めたのである。

Ⅲ．子育て支援学の実践――保育ソーシャルワーク

　前述の理論的バックボーンを踏まえて子育て支援は実践されていくわけであるが、以下に保護者への相談援助の技術を保育ソーシャルワークの3つの技法「ケースワーク」「グループワーク」「コミュニティーワーク」の観点から述べる。

1．ケースワーク機能

　リッチモンド（1964）が体系化したケースワークの理論と技法は今日のソーシャルワークの中心的な技法である。ケースワークは、事例（母親、家族、子ども）を社会的・経済的側面、心理的側面、身体的側面から理解して援助するものである。その意味において、狭義の「心理療法」とは異なる。

　保育所保育士は母親について、経済的背景、地域背景について理解し、現実的支援を行うために誰の援助が必要であり、どの専門家と保育士が

連携すべきかを理解しなければいけない。

　心理的支援よりも経済的支援が必要な親子はいる。経済的不況が続く今日、「貧困」が新たな問題として浮上し、その犠牲になる子どもたちも少なくない。貧困のために身体的に成長していても心理的にケアされていない場合もある。筆者（2007）が示した「保育所保育士による家族支援―27 例のケース検討会」は、すべて子どもと家族の間に深刻な問題を抱えていた。他機関連携として地域の保健センターや福祉事務所、児童相談所、医療機関など連携をとり対応したが、子どもの取り巻く生活状況そのものが、難しいものであった[1]。

　こうした現実的支援に加えて行うのが心理的支援である。武田と荒川はケースワークに必要な「関係技法」ついて記述している。ここにその一部を紹介しておこう。この技法は、保育士が子育てに悩む母親との面接で活用できる観点である。また、この観点は、第 3 章における調査結果である「相談のための知識と技術」に応えるものである。

1）共感

　相手の立場に立ち、その人が見たり感じたり、考えたりするように、支援する側も考えたり感じたりすることである。そして理解できたことを伝えることでもある。それは顔の表情から出てくるにっこり笑うことや態度も含まれており、非言語的な方法も大切である。母親のストレス、不安、母親の置かれている家庭状況を理解するように努めることが親支援における共感である。

2）温かさ

　温かさは、相手の状況を受け止め思いやりを示すことである。基本的に温かい人は相手に自分の考えを押し付けたり、自分の利益のために他者を利用したりすることがなく、相談者の成長、問題の解決などに関心をもつ。このような態度が示されると必然的に安心して自分の持っている問題を考えることができるようになる。時には、母親の親や姉、友人になったような気持ちで温かさを伝えることである。

3）純粋さ

　純粋な支援は、自らの心を開いて相手にむけた防衛的な態度をとることがない。支援者の話す言葉の調子や表情が心と一致していることである。そして自分の気持ちを正直に見つめる努力が必要で、相手の思いを言葉にして話してみるなどを繰り返し行うことで自分のものになってくる。母親を支援する上で重要なことは、純粋に、偏見なく相手の話を聞くことであろう。

4）挨拶

　出会いは普通の人間関係から始まり、支援者と利用者同士の間に温かい関わりと信頼関係が自然に生まれてくるのが理想となる。保育所における母親への声かけから支援は始まっていると考えるのがよい。

5）面接時間

　事前に会う日時を決め面接時間も通常40分から50分ぐらいの長さを基準に決めておくことがよい。初めての相談利用者には、誰か時間の空いている人が対応し、面接の時間を予約することが重要である。保育所であれば、子どもを預かっている間に母親を呼び、時間を設定することはできるであろう。

6）何から聞くか

　「抱えている悩み事」「相談したいこと」にふれ面接を行うことが大切である。

　勇気を振り絞って悩みを打ち明ける母親も多く、その際「ずいぶん迷われたことでしょう」「ご相談を受けるにあたって抵抗がありお悩みになられたでしょう」と母親の心や思いにふれていくことが重要である。

7）傾聴

　相手の話すことを一生懸命きくことで、相手の話を単に無表情に聞いているのではなく、相槌をうったり、相手の話す内容に応じて喜びや驚きを表していくこと、また時には相手の話す内容を繰り返すことで相手が自分の内容を知ることにもつながる。相手が感じていることをを正し

く受け止めることが大切である。

8）感情の発見と反射

　支援者は利用者の話す内容の背後の気持ちや感情に留意し、「お母さんはこのように思っているのですね」と反応することも重要である。幸せ、怒り、悲しみ、恐れの4つを使い分け、支援者が大切な感情であると判断した時手短に伝えることが大切である。

9）沈黙の尊重

　面接場面で母親が示す沈黙は、母親の不安や戸惑いなど恥ずかしさを含めておこることが多いとされるが、相談がある程度進んでからの沈黙は、利用者の依存的傾向や抵抗など、面接を通じてわきあがってくる様々な感情がある。肯定的な沈黙は一緒の安心感の表れとも言われる。次に話すことを考えている場合や感情をかみしめている場合の沈黙ある。沈黙を大切に扱いながらも母親が保育士に受け止めてもらえていると思えるようにすることである。

10）転移と逆転移

　保育士と母親の間に幼い時に経験した、また経験しようとして出来なかった親子関係の関わりに近い深い関係を味わうことが出てくる。そのため保育士にむけて親であるように甘えたり、依存したり、助けてもらおうとしたかと思うと親に持っていた不満や怒りを爆発させることがある。このように自分が幼い時に親との間で経験した心理的な事柄を、支援者との関係に持ち込むことを「転移」という。また、こうした母親の転移に保育士が反応したり、保育士の過去の人間関係が母親との間にできたりすることを「逆転移」という。

　さて、保育所保育士のケースワークに対して、スーパービジョンや事例検討が必要になる。スーパービジョンで検討されるべきことは①子ども自身の問題、②親の問題、③保育士自身の関わり方や自己の感情についてである。スーパーバイザーの役割は近隣大学の専門家、精神科医、

小児科医、臨床心理士が担うことが最適だと考えている。筆者の所属する子ども家族支援センターでは、近隣の保育所にアウトリーチで働きかけて、現場の保育士の相談にのっている。それはインフォーマルではあるがスーパービジョンの機能を担っている。筆者は保育活動中に保育士が見つけた子どもの問題行動と子どもが示すサインから気づいた事柄と家族背景や家族関係の関連性を意識して、保育士にむけたスーパービジョンを行っている⁽²⁾。保育現場が必要とする具体的な援助内容を分類し、カテゴリーを項目別に整理し、これらのデータ分析から、多問題家族にむけた支援と介入から役割について必要性が窺がわれた。

2．グループワーク

　グループワークとは意図的に作られた小集団を対象にしたソーシャルワークの技法である。この技法は、子どもという集団を扱う上でも、母親集団を扱う上でも必須になる。筆者は（千葉　2009）「親子ふれあい教室」が母親の気分状態に与える影響の論文で、育児不安に悩む母親を対象に集団である親子がふれあう場と親子が関わる遊び、相談できる機能を提供し、育児不安の解消の支援を行った。孤立している親子に同じような親子との出会いを提供することで、母親同士が仲良くなり仲間つくりができたこと、また同じような悩みを共有でき、一緒に語り合いができ互いに励ましあう関係性を作れたことが効果につながったと感じている。

　参加したAさんは障害をもった子どもを連れ、本学の親子ふれあい教室に参加したが、なかなか馴染めず殆ど泣いて活動ができない状況であった。しかしグループの母親たちは温かくその子どもと母親の状況をうけとめ、母親には温かい言葉をかけた。母親はグループに受け止められ、子どもの障害と向き合い、子どもとともに歩み始めた。親子ふれあい教室は、5組から6組の親子で小集団であるが、母親たちは活動を楽しみに通い、仲間に会うために時間に合わせて集まってくる。子どもた

ちも毎回顔を合わせることで自然に子ども同士のふれあいが出来、親と子どもにとっても楽しい場と仲間づくりになっていた。

　グループワークのねらいは小集団を対象にしたもので、社会福祉援助活動になる。重要なのは、参加者による相互援助ができることで、参加者同士のメンバーによる支えやそこで展開する人間関係から生まれる絆が集団の力動に大きく影響を及ぼし、信頼できる人間関係へと発展し、支えあう支援ができるからである。

　こうした意味において、子育て支援を担う保育士には、子どもの集団だけでなく、母親集団をコーディネートするための技法が必要になる。その技法はグループワークや集団療法に関する成書に譲るが、母親が話しやすい雰囲気づくりの導入が子育て支援を行う保育士に最初には考えるべきことである。

3．コミュニティーワーク

　地域子育て支援について、柏木（2016）は、地域に密着した子どもの養育機関である保育所の役割の必要性を述べている。保育所は地域の母親たちが集う場所であり、その利便性や生活への密着度から子育て支援のための地域ネットワークの拠点になる存在である。対応に苦慮する多問題を抱えた家族ケースについて筆者が定期的（2001 年 10 月～ 2003 年 3 月まで、月 1 回から 2 回、約 1 時間 30 分）に保育所保育士に対し、事例検討にスーパーバイザーとして参加したケースを検討し、多問題を抱える家族への取り組みについての新たな保育士の役割と課題について報告した論文では、育児不安の解消や児童虐待防止にむけた取り組みにより、地域保育所とのネットワーク作りが推進されたことを示した[3]。

1）地域ネットワークつくりの目的を明確にする

　子育て支援のおける地域ネットワークの中心となるのが児童虐待の防止や早期発見である。児童虐待は家庭の中で起こり、しかも密室であるがゆえに発見しにくい。これを早期に発見し、適切な対応を行うには、

子育て家族と地域との境界がオープンになり、地域で子育て状況を把握し、また支援できる体制を作ることが必要である。保育士は、所属する地域の伝統や文化を理解し、地域における家族や親戚づきあいの特徴などを把握し、何を目的にした子育て支援を行うのかを明確にしておくことが求められる。虐待の早期発見に焦点をあてるのか、それとも親同士の交流を目的とするのか、地域のニーズにあった地域子育て支援の目的を明確にすることである。

2）行政の指針を把握しておくこと

　子育て支援の機運の高まりから、行政は様々な指針を出してきている。こうした指針を理解して、保育士としてそれに対応していく姿勢が求められる。2014年（平成25年）に行った内閣府制作統括官（共生社会政策担当）全国自治体の子育て支援施策に関する調査報告書（概要版）によると、その調査結果について、各市区町村全体で子育てに特色のある又は先進的な取り組み事業等を行っている場合の回答数が示された。

　市区町村554カ所の全体数があり、その中でも市区町村全体での取り組み事業などが314カ所、地域子育て支援拠点事業は234カ所、一時預かり事業が79カ所、乳児家庭全戸訪問事業（こんにちは赤ちゃん事業）225カ所、養育支援訪問事業その他の要支援児童、要保護児童等の事業141カ所、ファミリー・サポート・センター事業124カ所、子育て短期支援事業39カ所、延長保育促進事業44カ所、病児・病後児保育事業104カ所、放課後児童健全育成事業（放課後児童クラブ）180カ所、妊婦健康診査149カ所、利用者支援事業95カ所、実費徴収に係る補足給付12カ所、多様な主体の参入を促進する事業5カ所であった。

　この数値をみるとかなり市区町村の取り組みとして子育て支援を行うようになってきたと同時に、地域子育て支援拠点事業も展開や乳児家庭全戸訪問事業（こんにちは赤ちゃん事業）が増え、児童虐待防止にむけた対応が、地域全体で行われるようになり、子育て出来る環境にむけ整いだしたことが窺われた。地域の中の1つに保育所の対応も含まれる。

こうした行政事業を十分に把握し、保育所として協力できることを明確にしておく必要があろう。

Ⅳ. 子育て支援学の教育

1. 保育士養成カリキュラムの現状
（1）保育士養成課程の見直し

　2017年（平成29年）12月4日に保育士養成課程等検討会が開催された。この検討会によって、より実践力のある保育士の養成にむけて検討の整理がなされたのである。見直しの背景には、指定保育士養成施設（大学、短期大学、専門学校等）において現行の保育士養成課程については2011年（平成23年）度の施行から7年を迎え、この間2015年（平成27年）4月には「子ども・子育て支援新制度」の導入や保育をめぐり環境が変化し、保育所を含む保育士関係施設での利用者が0歳児を含む1、2歳を中心に増加してきた。また子育てに関しても核家族の増加に伴う地域のつながりの希薄化し、周囲からの育てへの助言や支援を得られることが難しい環境になった。また就労状況の有無に関係なく、子育ての負担感や育児不安、孤立感を抱える保護者も多く、このような状況下で児童虐待の問題も増加し、大きな社会問題になってきた。

　2017年（平成29年）3月31日に保育所保育指針が10年ぶりに改定（厚生労働大臣告示第117号）され翌年4月1日から適用された。これにより、保育のねらい及び内容の明確化や幼児教育の積極的な取り組み、養護に関する基本的事項を明らかにするとともに、職員の質や専門性の向上が含まれる内容に変わった。さらに2017年（平成29年）度から保育所にむけたキャリアアップを目指し、一定の技能や知識及び経験を持った保育士に対し、相当の処遇改善を行うことが示され、職場定着を図るための「保育士等キャリアアップ研修ガイドライン」が整備されると同

時に都道府県で保育士等を対象にキャリアアップ研修が開始された。

　このように保育を取り巻く社会情勢からより実践力が必要になった。

（2）見直しの方向性

保育士養成課程を構成する教科目

　① 乳児保育の充実（3歳未満児を念頭に入れた内容）として乳児保育の基礎的事項の理解を深めるため、演習科目に加え講義科目の新設科目になった。

　② 幼児教育の実践力の向上として、計画と評価や生活と遊びの援助に関する内容を充実する目的として、幼児教育を行う実践力向上に必要な科目になった。

　③「養護」の視点では、養護に関する教科目の内容の再編と充実が行われ、より養護の実践力の向上を目指した科目となった。

　④ 子どもの育ちや家庭への支援の充実では、保育の専門性を生かした子ども家庭支援に関する教科目の内容編成が目標に置かれ、子どもの育ちとともに家庭支援の必要性を目指す科目になった。

　⑤ 社会的養護や障害児保育の充実では発達障害を含む今日的な課題を踏まえた実践的な支援に関する内容の充実が必要とされる科目となった。

　⑥ 保育者としての資質・専門性の向上では、保育の専門職としてのキャリアパスを見据えた専門性向上重要性が明示され、それに伴う科目となった。

註（2017年12月4日　保育士養成課程等検討会）

（3）保育士養成課程の教科目の教授内容

子育て支援に関する科目としての位置づけと内容について

　保育の本質的科目である子ども家庭福祉（講義2単位）は従来の児童家庭福祉から名称が変わり、児童から子どもという捉え方になった。そ

のため現代社会における子ども家庭福祉の意義と歴史的変遷について理解することや子どもの人権、子どもの家庭福祉制度の現状と課題、子ども家庭福祉の動向と展望について理解することにかわった。また保育の本質的科目である子ども家庭支援論（講義2単位）は、従来の保育相談支援、並びに家庭支援論から名称が変わり、子育て家庭に対して保育士の行う相談等の支援の意義や保育士等の役割について理解することや保育士による子ども家庭支援の基本について理解すること、さらに子育て家庭に対する支援の体制について理解をし、子育て家庭のニーズに応じた多様な支援の展開と子ども家庭支援の現状や課題について理解することが目標に掲げられた。

　保育の内容・方法に関する科目として子育て支援（演習1単位）は、従来の保育相談支援並びに相談援助から名称が変わり、子育て家庭に対して保育士の行う相談等の支援の展開について具体的に理解することや子育て支援について、様々な場や対象に即した支援内容とその実際を理解することが目標に加えられた。

（4）保育士保育指針の改定

　2017年（平成29年）3月31日に厚生労働省告示第117号が示された。第1章の総則には各保育所は、この指針において規定される保育の内容に係る基本原則に関する事項を踏まえ、各保育所の実情に応じて創意工夫を図り、保育所の機能及び質の向上に努めなければならないとした。

　保育所の役割については、児童福祉法（昭和22年法第164号）第39条の規程に基づき、保育を必要とする子どもの保育を行い、その健全な心身の発達を図ることを目的とすることが児童福祉であり、入所する子どもの最善の利益を考慮し、その福祉を積極的に増進することに最もふさわしい生活の場でなければならないとした。また保育に関する専門性を有する職員が、家庭との緊密な連携の下に、子どもの状況や発達過程を踏まえ、保育所における環境を通して、養護及び教育を一体的に行う

ことを特性とした。入所する子どもを保育するとともに、家庭や地域の様々な社会支援の連携、また入所する子どもの保護者に対する支援及び地域の子育て家庭に対する支援などを図りながら、入所する子どもの保護者に対しうる支援及び地域の子育て家庭に対する支援を行う役割を担うことが保育所に求められるようになったのである。

　これを受け、保育所保育士は、児童福祉法第18条の4の規程を踏まえ、「保育所の役割及び機能が適切に発揮されるように、倫理観に裏付けられた専門的知識、技術及び判断をもって子どもを保育するとともに、子どもの保護者に対する保育に関する指導を行うものであり、その責務を遂行するための専門性の向上に絶えず努めなければならない（保育所保育指針から一部抜粋）」と明確化された。ここに掲げられている専門的知識、技術とは具体的にどのような内容か示していないが、各保育所の実情にあった知識と技術の取得が求められると考えられる。

　予想以上に深刻化する子育て問題の解決策として新たに必要な施策を次々と打ち出している。しかし、施策先行の感は否めない。実践現場に携わる保育士養成教育の方向性についても検討を重ね始めているが、子育て支援についてカリキュラムがこのような形で明確化されたことはとても意義のあることである。

　保育所保育指針でも第4章の中に子育て支援について内容を明確化した。

　子育て支援教育の国における動向は、平成11年保育所保育指針改訂実施から始まり、2001年（平成13年）には、保育士養成課程検討委員会で『今後の保育士養成課程等の見直しについて（報告）』があり、養育問題にむけた対応についてもまとめられていた。その結果、平成30年に新たなカリキュラムとして、従来なかった家族や子育て支援を視野にいれた援助系演習科目「子ども家庭支援論」や「保育相談」「相談援助」が「子育て支援」になった。これをもって保育士養成は大きく変化したと言える。このことは子育て支援にかかわる知識並びに技術を重要視したものと考えられ、子育て支援に力を入れたものとして捉えられる。

高度な保育、心のケア、高度な障害児保育、高度な養護、子育て支援対応があった。現在四年制大学として保育士養成を行っている養成校もあるが、その理由としては、前訳のごとき高度な知識、技術、習得のニーズに対応するためであるとしている。

　四年制養成課程への資格にむけたステップアップとしての仕組みが必要であるとするものが８割を超え、施設現場における四年制保育士養成が必要であることが示されていた[1]。

　筆者が行った子育て支援の現状調査、またこれまで実践してきた子育て支援内容から大学院の講義科目として子育て支援特論Ⅰ、子育て支援特論Ⅱとして本学のカリキュラム案を考案し、実際に大学院博士課程前期科目に取り入れている。

　保育士が子育て支援に必要としていた知識と技術「カウンセリング」「相談援助技術」は「子ども家庭支援論」「子育て支援」で対応することになる。時代とともに保育所が必要としてきた子育て支援を今後は施設保育士における相談に関連する科目の内容としてどのように活用していくか、具体的な保護者への相談方法や対応を盛り込んだ内容としてカリキュラムの充実が望まれている。

　家族への支援の必要性が高まっていることを受け、「子ども家庭支援論」は、子どもの背景にある家庭を支援するという視点を明確にして対応する科目になるであろう。また発達障害など保育所、幼稚園内で見られる子どもの状況に添って、精神疾患や子どもの保健を含む子どもの心身の発達に関して総合的に学ぶための、子どもの保健や発達障害や愛着障害について学ぶ科目は必須である。特に発達障害の持つ子どもたちとクラス内の活動では「計画と評価」が必要で、今後保育課程、指導計画、評価などについて扱うだけではなく、子どもが成長していく上で必要な地域ネットワーク構築についても地域アセスメントや構築ができる学習内容が必要になる。保育所保育に限らず児童養護施設や乳児院など福祉施設における計画と評価なども含めた個々の自立支援計画の立てられる

能力も望まれる(2)。

　四年制養成課程への提案の中で、今後は保護者支援の具体的な方法、地域子育て支援を理解するための科目として保護者に出会う場や保護者理解、つまり親理解や家族理解のための理論が必要である。

　高崎健康福祉大学の子ども・家族支援センターで開講している「親子ふれあい教室」では、こうした理念に対応すべく、子ども教育学科の学生を対象に子育て支援の場面に参加させて、「保育方法論」の科目で、母親への相談や遊びを支援しながら健全な親子関係を学ぶ演習に位置付けている(3)。

　保育所保育指針「第5章職員の資質向上」が新たに加えられた。職員の資質向上に関する基本的事項に (1)保育所職員に求められる専門性が明記された。保育所内で子どもの保育に関わるあらゆる職種の一人ひとりが、資質向上に向けて対応することを含め、保育士は毎日の保育実践の中でその振り返りを専門性につなげるなどが求められたのである。職員が子ども一人ひとりを大切に思い、子どもと心が通じ合うようにすることや子ども達同士が仲間関係を作れるように指導していくことも重要な職員の資質向上に含まれたのである。また職員研修において、必要な知識及び技術の修得、維持及び向上を図るとともに、保育の課題等への共通理解や協働性を高め、保育所全体として保育の質の向上を図っていくためには、日常的に職員同士が主体的に学ぶ合う姿勢と環境が重要であり、職場内での研修の充実が図らなければならないことが明記された。そのためには外部研修の活用として必要に応じて外部研修への参加が確保されるように努めなければならないことなど、組織内等での研修成果の活用を行うことも課題として含まれる。

　平成28年度児童福祉法改定では、「児童の福祉を保障するための原理」の明確化を示した。その中では、児童の権利に関する条約の精神にのっとり、適切に養育されること、その生活を保障させること、愛され、保護されること、その心身の健やかな成長及び発達並びにその自立が図ら

れること、その他の福祉を等しく保障される権利を有することが含まれた。また児童の保護者については、児童を心身共に健やかに育成することについて第一次的責任を負うこと等が明確にされた。家庭と同様の環境における養育の推進として、「家庭」において心身共に健やかに育成されるよう児童の保護者を支援することや児童を家庭において養育が困難であり、適当ではない場合、「家庭における養育環境と同様の養育環境」に養育されるよう、出来る限り「良好な家庭的環境」において養育されることが盛り込まれた。

　市町村・都道府県・国の役割と責務の明確化、国による要保護児童に係る調査研究の推進、しつけを名目とした児童虐待の禁止、児童虐待の発生予防として、子育て世代包括支援センターの法定化、支援を要する妊婦等に関する情報提供、母子保健施策を通じた虐待防止等が明記された。児童虐待発生時の神速・的確な対応では、市町村における支援拠点の整備、また市町村の要保護児童対策地域協議会の機能強化、児童相談所や自治体の拡大、児童相談所の体制強化等が明確にされた。被虐待児童の自立支援として、親子関係再構築支援や里親委託、養子縁組に関する相談・支援、養子縁組里親の法定化、母子家庭等の支援機関への婦人相談員の追加が含まれた。

2．実習と今後の課題

　現在養成校における実習では保育実習Ⅱで、子どもの保育及び保護者・家庭への支援と地域社会等との連携で、入所している子どもの保護者に対する子育て支援及び地域の保護者等に対する子育て支援という内容が加わった。地域社会との連携に全体的な計画に基づく内容も含まれ、子育て支援の力をつけることができる内容になった。保育機能が多様化し、保育士の業務も複雑化し、就労場所も広がりを見せており、長期実習の必要性が問われている。実習に関連した保育士の職場と専門性に依拠した中に子育て支援ニーズを踏まえた施策になってきたと理解できる。

　保育の実践現場で、実際携わる保育士にむけた問題の早期発見や早期
介入を迅速に行えるように、現場が必要とする家族にむけた対応ができ
ることが今後の課題でもある。

　以上のように子どものみならず家族の問題について、深く検討するた
めの子育て支援を習得することが保育所保育士には必須の課題である。
先に記述したケースワーク機能、グループワーク機能を習得するための
実習プログラムでは、ロールプレイや相談場面の見学、また母親つどい
の場への参加、グループ体験なども養成校内での実習に組み込むことが
できる。また地域連携にむけた実践には関連機関との連携と同時に地域
社会にむけた実践活動への参加が望ましいと考える。

　また、子育て支援について今後学問として確立することも必要であり、
長期に向けた研究を進めていくことも課題である。

結　語

　今日の日本で「子育て支援」の言葉を聞かない日はない。国としても
少子化対策や児童虐待の防止として子育て支援に対して子育て担当の大
臣まで設けて対応している。多くの関連職種が子育て支援に名乗りをあ
げているが、現場は玉石混合の状態と言っても過言ではない。

　地方自治体は保育所に子育て支援を求めるようになっている。母親が
集い語れる場、また子どもへの直接支援が行える場として保育所が選択
されるのはしごく当然のことと言える。現在、全国保育所のうち、半数
近くが子育て支援をなんらかの形で行い始めている。

　本書では、保育所保育士が捉えている子育て支援についての現状や意
識についての調査を行った（第3章）。その結果、保育所保育士が行っ
ている支援内容では「相談」が最も多いが、「相談についての知識や技術」
が必要とされていることもあげられていた。親同士の関わりを支援する
必要性も感じており、グループワークのスキルも必要であることがあげ
られていた。一方で、筆者は保育士としての実践に、ソーシャルワーク
のスキルを活用しながら多くの実践経験を積んできた（第2章）。さま
ざまな問題を抱えた子どもへの支援、家族への支援、そして事例検討を
中心にした保育士へのスーパービジョンなど現場で必要となる知識を経
験として認識したのである。第3章の現状調査の内容と筆者が臨床実践
で感じたニーズとは合致していた。

　こうした結果を踏まえて筆者は、子育て支援に必要な理論、実践スキ
ルを統合した「子育て支援学」を提唱した（第4章）。子育て支援学の
理論となるのは、心と体の発達の知識、発達障害や愛着障害など問題を
持つ子どもについての知識、虐待や家族支援のための知識である。こう
した知識を、子育て支援において、母親や子どもに活用するための実践

スキルとして「保育ソーシャルワーク」を置いた。保育ソーシャルワークにおける、ケースワーク、グループワーク、コミュニティーワークのスキルが子育て支援に役立つことを経験を踏まえて述べた。

　最後に、現状の養成校の教育プログラムに「子育て支援学」をどのように組み込んでいくべきか、今後の課題である。

注・文献

序　論

(1) 少子化社会対策大綱編（2004）『少子化社会白書』　日経印刷
　　保育所保育指針 2008（平成 20）年 3 月 28 日厚生労働省告示第 141 号
　　2009（平成 21）年 4 月 1 日から施行

(注 1) 厚生労働省編　「保育所保育指針解説」2018 年（平成 30 年 3 月）第 4
　　　章　pp.329-343
(注 2) 西九州大学と佐賀短期大学が地域の未就園児を対象とした発達相談、
　　　幼児保育科の学生、教員による地域子育て支援を行っている。また白梅
　　　大学では地域の親子を対象とした白梅子育て広場、地域における子育て
　　　支援活動、コーディネーターの役割を行っており地域子育て支援を大学
　　　が支援している。聖徳大学では、本学と同様 2006 年より地域子育てを
　　　行い、活動を展開している。文部科学省は現代教育ニーズの取り組みと
　　　子育て支援プログラムをテーマに地域活性化への貢献と優れた教育プロ
　　　ジェクトを選定し、次代を担う人材養成と子育て支援の地域貢献を推進
　　　している。

第 1 章

(1) 白幡久美子編集（2017）『保育士をめざす人の家族援助』　みらい　pp.51-56
(2) 伊達悦子・辰巳隆編集（2015）『保育士をめざす人の児童福祉』　みらい
　　pp.120-128
(3) 厚生労働省編（2007）「第 2 章第 2 節　地域における子育て支援体制の強
　　化」『厚生労働省白書』　p.195
(4) 全国保育士養成協議会（2007）『子どもの未来を拓く　これからの保育養
　　成——地域における保育士養成の役割』　全国保育士養成協議会

(注 1) 岡山県備中県民局健康福祉部福祉振興課子育て支援班主催による
　　　岡山県立大学にて「子育てカレッジ」が開催され、地域ぐるみの大学内
　　　子育て拠点の提唱・推進など大学の専門知識などを活かした子育て支援
　　　拡大についてのシンポジュームが行われた 2008（平成 20 年 12 月 13 日）。
　　　本学の活動「子ども・家族支援センター」の活動状況について全国大学

の取り組みの1つとして紹介され、ポスター発表を行った。

第2章

Ⅰ．発達障害児と親への関わり

(1) パール・バック著　伊藤隆二訳（1996）『母よ嘆くなかれ　新訳版』　法政大学出版社

Ⅱ．被虐待児への子育て支援

(1) 渡辺俊之・松本英夫監修　千葉千恵美著（2006）『乳幼児のための保育と親への支援』　久美出版　pp.48-53

Ⅲ．国際結婚における子育て支援の実践

(1) 厚生労働省（2016）「「婚姻に関する統計」の概況」『平成28年度人口動態統計特殊報告』　p.3

(2) 厚生労働省（2016）「「婚姻に関する統計」の概況」『平成28年度人口動態統計特殊報告』　p.11

(3) 厚生労働省（2016）「「婚姻に関する統計」の概況」『平成28年度人口動態統計特殊報告』　p.18

(4) 王寧霞著（2005）「日中国際結婚に関する研究」『鹿児島大学医学雑誌』56巻34号　p.35

(5) 王寧霞著（2005）「日中国際健康に関する研究」『鹿児島大学医学雑誌』56巻34号　p.40

(6) 王寧霞著（2003）「日中国際結婚ストレッサーの研究及び臨床心理的援助」日本コミュニティ心理学会『第6回発表論文集』　p.14

(7) 高木裕子・松本邦彦著（1997）「山形県における結婚と異文化」　社団法人国際日本語普及協会　p.32

(8) 高木裕子・松本邦彦著（1997）「山形県における結婚と異文化」　社団法人国際日本語普及協会　p.52

(9) 高木裕子・松本邦彦著（1997）「山形県における結婚と異文化」　社団法人国際日本語普及協会　p.54

(10) 王寧霞著（2005）「日中国際結婚に関する研究」『鹿児島大学医学雑誌』56巻34号　p.43

(11) 古子弘著（1991）「国際結婚に関する一考察」『日本移民学術雑誌』pp.140-144

(12) 古子弘著（1991）「国際結婚に関する一考察」『日本移民学術雑誌』

pp.140-144

(13) 桑山紀彦著（1995）「国際結婚とストレス」 明石書店 p.45

(14) 千葉千恵美・渡辺俊之・平山宗宏著（2008）「国際結婚の母子への子育て支援 健康福祉研究」『高崎健康福祉大学総合福祉研究所紀要』 第5巻第1号 pp.25-36

Ⅳ. 親子ふれあい教室──問題の早期発見と早期介入のために──

(1) 横山和仁・荒記俊一他（1990）「POMS（感情プロフィール検査）日本語版の作成と信頼性および妥当性の検討」『日本公衆衛生誌』 第37号 pp.913-918

(2) 横山和仁（2005）『POMS短縮版 手引きと事例解説』 金子書房 pp.19-27

(3) 上島菜摘著（2008）「乳児への関わりに表れる母親の"気持ち"母親の感情の力動性の観点から相互作用を捉える重要性」『第日本児童青年精神医学学会抄録』 p.305

(4) 川井尚・庄司順一著他（1998）「育児不安に関する臨床的研究Ⅴ──育児困難感のプロフィール評定諮問紙の作成──」『日本子ども家庭総合研究所』 第35集 pp.1-14

(5) Marsh Kaitz & Hilla Maytal (2005) *Interactions between anxious mothers and their infants: An integration of theory and research findings* Infant Mental Health Journal Vol.26 (6), pp.570-597

(6) Kimbery J. Nylen, Tracy E.Moran, Christina L..Franklin & Michael W. O'Hara (2006) *Maternal Depression: A review of relevant treatment approaches for mothers and infants* Infant Mental Health Journal Vol.27 (4) pp.327-343

(7) 千葉千恵美他著（2009）「親子ふれあい教室が母親の気分状態に与える影響」『高崎健康福祉大学紀要』 第8号 pp.37-48

（注1）活動参加にあたっては、あらかじめ参加する母親に対して、学生の参加とDVD録画、及びアンケートについては研究発表及び研究論文に使うことがあるという承諾書をとっている。また学生においては、活動中の相談内容は守秘義務を守ることを口頭で教授すると同時に同意書をとっている。

（注2）2007（平成18）年10月より本学内設置している子ども・家族支援センターで育児不安の解消を目的に地域貢献の一貫として、小児科医、精神

科医、精神保健福祉士、保育士などの有資格者である本学の教員が相談
担当員として参加し、月2回（木曜日10：30～12：15）まで親子の遊
び支援と仲間つくり同時に育児支援を行い育児不安の解消を実践してい
る学生はこの活動に参加している。

第3章
(1) 金子恵美著（2007）『保育所等における子育て支援機能の充実に関する研
　　究』　財団法人子ども未来財団　p.72
(2) 金子恵美著（2007）『保育所等における子育て支援機能の充実に関する研
　　究』　財団法人子ども未来財団　p.85

第4章
I．子育て支援学の概略
II．子育て支援学の内容
(1) ハロー（Harlow, H.F 1973）A variable-temprerature surrogate mother for
　　studying attachment in infant monkeys, Behavvior Research Methods,
　　V.5 (3) pp.269-272
(2) Jボウルビイ著　黒田実郎他訳（2005）『母子関係の理論I 愛着行動』　岩
　　崎学術出版社
(3) 厚生労働省児童家庭局(2000)「健やか親子21検討会」　厚生労働省児童家
　　庭局母子保健課報告書
(4) 渡辺久子著(2008)『子育て支援と世代間伝達――母子交互作用と心のケア
　　――』　金剛出版
(5) 母子愛育会・日本子ども家庭総合研究所編（2006）『最新乳幼児保健指針』
　　日本小児医事出版社　pp.54-59
(6) 厚生労働省平成30年度「子ども虐待による死亡事例等の検証結果等につ
　　いて（第15次報告）」
　　http://www.mhlw.go.jp/stf/houdou/0000190801．00001.html
(7) 遊佐安一郎（1990）『家族療法入門』　星和書店　pp.235-238
（注1）被虐待児童の描いた絵（5枚）に関しては、半年間の期間で描いたもの
　　である。掲載にあたり本人、家族の許可、また園の承諾を得ている。
III．子育て支援学の実践――保育ソーシャルワーク
(1) 伊藤利恵・渡辺俊之著（2008）「保育所におけるソーシャルワーク機能に
　　ついての研究」――テキストマイニングによる家族支援の分析――『高

　　崎健康福祉大学総合福祉研究所紀要　健康福祉研究』　第 5 巻第 2 号
　　pp.21-24

(2) Bowlby, J (1970) *Child care and growth of love.* Harmondsworth: Pelican

(3) 柏女霊峰著（2003）　『子育て支援と保育者の役割』　フレーベル館　p.56

Ⅳ. 子育て支援学の教育

(1) 千葉千恵美著　「保育所保育士による家族支援――27 例ケース検討会から
　　――」『高崎健康福祉大学紀要』

(2) 平山宗宏編（2014）　『子どもの保健と支援　第 3 版』　日本小児医事出版
　　社　pp.295-309

(3) 千葉千恵美 (2017)　「保育方法論における子育て支援活動の参加を通じて
　　――学生の意識調査について」『高崎健康福祉大学総合福祉研究所紀要健
　　康福祉学研究』第 14 巻第 1 号　pp.49-64

参考資料・文献

(1) 庄司洋子・松原康雄・山縣文治編 (1998) 『家族・児童福祉』有斐閣　p.120

(2) 降旗志郎編著 (2004)　『軽度発達障害児の理解と支援』金剛出版　p.55

(3) Berg, I.K. (1988). *Marital theapy with one spouse or both. In E.Nunnally, K.Chilman, & E.Cox (Eds), Families in trouble (vol.3).* Newbury Park, CA: Stage.

(4) Kerr.M., & Bowen,M (1988). *Family evaluation.* New York: W.W.Norton.

(5) 広岡智子「親の心のケア」高橋重宏・庄司順一編 (2002)　『子ども虐待』中央法規出版　pp.170-171

(6) 岸井勇雄・無藤隆・柴崎正行監修　松本寿昭編著 (2004)　『社会福祉援助技術』同文書院　p.40

(7) James K. Whittaker, James Garbarino, and Assoiates (1983), *Social Support Net-works: Informal Helping in the Human Services*, Aldine Publishing Company, pp.36-37.

(8) Bowlby,J (1970) *Child care and growth of love*, Harmondsworth: Pelican

(9) 柏女霊峰著 (2003)　『子育て支援と保育者の役割』フレーベル館　p.56

(10) 内閣府編 (2006)　「児童相談所における児童虐待に関する相談対応件数の推移」『青少年白書』(平成18年度版)

(11) 厚生統計協会 (2006)　『国民の福祉の動向』ぎょうせい

(12) 古子弘著 (1991)　「国際結婚に関する一考察」『日本移民学術雑誌』　pp.140-44

(13) 厚生労働省大臣官房統計情報部 (2007)　「平成18年度婚姻に関する統計」「人口動態統計特殊報告」「厚生統計協会」　p.31

(14) 厚生労働省大臣官房統計情報部(2008)　「平成19年度に本における人口動態」「人口動態統計特殊報告」「厚生統計協会」　p.182

(15) 桑山紀彦著 (1995)　『国際結婚とストレス』明石書店　p.45

(16) 桑山紀彦著 (1995)　『国際結婚とストレス』明石書店　pp.134-35

(17) 桑山紀彦著 (1995)　『国際結婚とストレス』明石書店　pp.140-41

(18) 桑山紀彦著 (1995)　『国際結婚とストレス』明石書店　pp.196-97

(19) 桑山紀彦著 (1995)　『国際結婚とストレス』明石書店　pp.200-201

(20) 森木和美著 (2000)　『国際結婚ガイドブック』明石書店

(21) 新田文輝著・藤本直訳 (2002)　『国際結婚と子どもたち』明石書店

(22) 王寧霞著 (2005)　「日中国際結婚に関する研究」『鹿児島大学医学雑誌』56巻34号　p.35

(23) 王寧霞著 (2005) 「日中国際健康に関する研究」『鹿児島大学医学雑誌』56巻 34 号　p.40

(24) 王寧霞著 (2003) 「日中国際結婚ストレッサーの研究及び臨床心理的援助」「日本コミュニテイ心理学会」『第 6 回発表論文集』　p.14

(25) 王寧霞著 (2005) 「日中国際結婚に関する研究」『鹿児島大学医学雑誌』56巻 34 号　p.43

(26) 総務庁少年対策本部編集 (1996) 「子供と家族に関する国際比較調査報告」大蔵省印刷局　p.78

(27) 高木裕子・松本邦彦著 (1997) 「山形県における結婚と異文化」社団法人国際日本語普及協会　p.32

(28) 高木裕子・松本邦彦著 (1997) 「山形県における結婚と異文化」社団法人国際日本語普及協会　p.52

(29) 高木裕子・松本邦彦著 (1997) 「山形県における結婚と異文化」社団法人国際日本語普及協会　p.54

(30) 高木裕子・松本邦彦著 (1997) 「山形県における結婚と異文化」社団法人国際日本語普及協会　p.55

(31) 宿谷京子著 (2001) 『アジアからきた花嫁』明石書店

(32) 白幡久美子 (2017) 『保育士をめざす人の家庭支援』みらい　pp.51-56

(33) 伊達悦子・辰巳隆 (2015) 『保育士をめざす人の児童家庭福祉』みらい　pp.168-177

(34) 厚生労働省 (2007) 第 2 章第 2 節 「地域おける子育て支援体制の強化」『厚生労働白書』　p.195

(35) 岸井勇雄・無藤隆・柴崎正行 (2007) 『社会福祉援助技術』同文書院　pp.148-151

(36) 横山和仁・荒記俊一他 (1990) 「POMS（感情プロフィール検査）日本語版の作成と信頼性および妥当性の検討」『日本公衛誌第 37 号』　pp.913-918

(37) 横山和仁 (2005) 『POMS 短縮版　手引きと事例解説』金子書房　pp.19-27

(38) 少子化社会対策大綱 (2004) 『少子化社会白書』日経印刷

(39) 全国保育士養成協議会 (2007) 「子どもの未来を拓く、これからの保育士養成——地域における保育士養成の役割」全国保育士養成協議会

(40) 上島菜摘著 (2008) 「乳児への関わりに表れる母親の"気持ち"　母親の感情の力動性の観点から相互作用を捉える重要性」『第日本児童青年精神医学学会抄録』　p.305

(41) 川井尚・庄司順一著他 (1998) 「育児不安に関する臨床的研究Ⅴ——育児困難

　　感のプロフィール評定諮問紙の作成──」『日本子ども家庭総合研究所』
　　第35集　pp.1-14

(42) Marsh Kaitz & Hilla Maytal (2005) *Interactions between anxious mothers and their infants: An integration of theory and research findings* Infant Mental Health Journal Vol.26 (6), pp.570-597

(43) Kimbery J. Nylen,Tracy E.Moran, Christina L..Franklin, & Michael W. O'Hara (2006) *Maternal Depression: A review of relevant treatment approaches for mothers and infants* Infant Mental Health Journal Vol.27 (4) pp.327-343

(44) 藤岡宏著(2009)　「高機能後広汎性発達障害の遺書・教育の実践（幼児・学童期を中心に）児童青年精神医学とその近接領域」『日本児童青年精神医学会機関誌』第50巻・第2号

(45) 庄司洋子・松原康雄・山縣文治編 (1998)　『家族・児童福祉』有斐閣　p.120

(46) 降旗志郎編著 (2004)　『軽度発達障害児の理解と支援』金剛出版　p.55

(47) Berg,I.K. (1988). *Marital theapy with one spouse or both. In E.Nunnally, K.Chilman, & E.Cox (Eds), Families in trouble (vol.3)* Newbury Park, CA: Stage.

(48) Kerr.M., & Bowen, M (1988) *Family evaluation* New York: W.W.Norton.

(49) 広岡智子「親の心のケア」高橋重宏・庄司順一編 (2002)　『子ども虐待』中央法規出版　pp.170-171

(50) 岸井勇雄・無藤隆・柴崎正行監修　松本寿昭編著 (2004)　『社会福祉援助技術』同文書院　p.40

(51) James K. Whittaker, James Garbarino, and Assoiates (1983), *Social Support Net-works: Informal Helping in the Human Services*, Aldine Publishing Company, pp.36-37.

(52) Bowlby, J (1970) *Child care and growth of love*. Harmondsworth: Pelican

(53) 柏女霊峰著 (2003)　『子育て支援と保育者の役割』フレーベル館　p.56

(54) 伊藤利恵・渡辺俊之著 (2008)　「保育所におけるソーシャルワーク機能についての研究──テキストマイニングによる家族支援の分析──」『高崎健康福祉大学総合福祉研究所紀要　健康福祉研究』第5巻第2号 pp.21-24

(55) 白幡久美子編集 (2015)　『保育士をめざす人の家庭支援』みらい

(56)「虐待・ネグレクトへの対応と児童福祉法」（厚生省発表資料1999年3月30日）

(57) 高橋重弘・才村純編著 (2005)　『子ども家庭福祉論』建白社

(58) 津崎哲郎・橋本和明編著 (2008) 『最前レポート　児童虐待はいま──連携システムの構築にむけて』ミネルヴァ書房

(59) 亀岡智美著 (2008) 「児童虐待から見えてくる母性」『精神療法』第 36 巻第 6 号　pp.654-658

(60) 平川和子著 (2008) 「暴力のある家庭で育った大人と子どもに必要な養育環境」『精神療法』第 36 巻第 6 号　pp.649-653

(61) 小林登・松井一郎他著 (1989) 「被虐待児双生児例検討」『日本小児科学会雑誌』第 93 巻　pp.2756-2766

(62) 庄司順一著 (1985）「小児虐待の発生要因に関する一考察」『早稲田心理学年報』第 27 巻　pp.75-82

(63) 長尾正宗著 (2008) 「不登校の原因が子ども虐待であった虐待死事例」『子どもの虐待とネグレクト』第 10 巻第 3 号　pp.322-328

(64) 佐藤喜宜著 (2008) 「虐待死　虐待症候群」『臨床法外学テキスト』中外医学社　pp.153-163

(65) 千葉千恵美・鑑さやか・渡辺俊之著 (2004) 「保育教育における児童虐待問題と意識づけと課題　保育教育と精神保健との連携」『子どもの虐待とネグレクト』第 6 巻第 3 号　日本子ども虐待防止学会　pp.398-400

(66) パールバック著　伊藤隆二郎訳 (1996) 『母よ嘆くなかれ　新訳』法政大学出版社 1　模擬俊彦・高村瑛子著 (1981) 『障害児保育入門』全国障害者問題研究会出版部

(67) 千葉千恵美・渡辺俊之・平山宗宏・田島貞子 (2009) 「「親子ふれあい教室」が母親の気分状態に与える影響」『高崎健康福祉大学紀要』第 8 号　pp.26-36

(68) A.J. ザメノフ、R・N エムデイ編　小此木圭吾監修　井上果子訳 (2003) 『早期関係性障害』岩崎学術出版社

(69) テリー M リヴィ・マイケル・オーランズ著　藤岡孝志 ATH 研究会訳 (2005) 『愛情障害と修復敵愛着療法』ミネルヴァ書房

(70) 青木豊著 (2008) 「アタッチメントの問題とアタッチメント障害」『子どもの虐待とネグレクト』第 10 巻第 3 号　日本子ども虐待防止学会　pp.285-296

(71) J. ボウルビィ著　黒田実郎他訳 (2005) 『母子関係の理論 I　愛着行動』岩崎学術出版社

(72) 土方弘子・勅使河原千鶴編著 (1995) 『乳幼児のあそび』ミネルヴァ書房

(73) 柏女霊峰著 (2001) 『養護と保育の支援から考える　子ども家庭福祉のゆく

え』中央法規出版

(74) フランク・ゴーグル著　小口忠彦監訳 (1995)　『マズローの心理学』産能大
　　 学出版部刊

(75) 牛島定信著 (2008)　「現代の精神療法における母性性」『精神療法』第 34 巻
　　 第 6 号　pp.643-648

(76) 庄司順一著 (2008)　「子どもに対する母親の結びつき」『子どもの虐待とネ
　　 グレクト』第 10 巻第 3 号　日本子ども虐待防止学会　pp.315-321

(77) Verny T.,Kelly J. (1981) *The secret life of the unborn child.*.New York:
　　 Delta Publishing.

(78) Froidi,A, & Thompson R. (1985) *Infant's affective responses in the
　　 strange situation:Effects of prematuritiy quality of attachiment.* Child
　　 Development, p.56, pp.1280-1290

(79) Schulman, M,. & Mekler, E (1994) *Bringing up a moral child.*New York:
　　 Doubleday.

(80) Fahlberg,V. (1991) *A child's journey though placement Indianapolis* IN:
　　 PerspectivePress

(81) Brazelton.B,. & Als, H. (1979) *Four early stages in the development of
　　 mother-infant Interaction. In A Schiuit (ed), The psychoanalytic study
　　 of the child*, Vol.34, pp.33-35

(82) Clne, FW (1992) *Understanding and treating the severely disturbed
　　 child Evergreen* CO: Evergreen Consultants in Human Behavior, BC
　　 Publications.

(83) 高野陽他著 (2006)　「保育所と地域保健の連携における子育て支援のあり方
　　 に関する研究——子育て支援の視点からみた保育所保健と地域保健との
　　 連携のあり方に関する研究——」『日本子ども家庭総合研究所紀要』第 42
　　 集　pp.101-112

(84) 宮原忍他著 (2008)　「乳幼児を持つ保護者の養育力と育児観に関する調査」
　　 『子どもの虐待とネグレクト』第 10 巻第 3 号　日本子ども虐待防止学会
　　 pp.113-126

(85) 高野陽他著 (2007)　「子育て支援を目標とした地域星健康活動の質的検討に
　　 関する研究」『日本子ども家庭総合研究所紀要』第 43 集　pp.131-144

(86) 齋藤幸子他 (2007)　「少子化社会における養育力の背景とその育成に関する
　　 研究 (1)」『日本子ども家庭総合研究所紀要』第 43 集　pp.145-164

(87) 斉藤進他著 (2007)　「子育て支援における母親クラブと児童館の役割に関す

る研究 (1)」『日本子ども家庭総合研究所紀要』第 43 集　pp.165-180

(88) 渡辺久子著 (2008)　『子育て支援と世代間伝達——母子交互作用と心のケア ——』金剛出版

(89) 大島恭二他著 (2009)　「保育サービスの質に関する調査研究」『平成 18 年度 ～ 20 年度　総合研究報告書』構成労働科学研究費補助金科学推進研究 事業　全国保育士養成協議会　第 48 回研究大会特別研究発表　pp.1-29

(90) 大島恭二他著 (2009)　「保育サービスの質に関する調査研究」『平成 18 年度 ～ 20 年度　総合研究報告書』構成労働科学研究費補助金科学推進研究 事業　全国保育士養成協議会　第 48 回研究大会特別研究発表　pp.13-16

(91) 大島恭二他著 (2009)　「保育サービスの質に関する調査研究」『平成 18 年度 ～ 20 年度　総合研究報告書』構成労働科学研究費補助金科学推進研究 事業　全国保育士養成協議会　第 48 回研究大会特別研究発表　pp.1-29

(92) 千葉千恵美・鏡さやか・渡辺俊之著 (2007)　「保育所保育士による家族支 援——27 例のケース検討会から——」『高崎健康福祉大学紀要』第 6 号 pp.91-101

(93) 千葉千恵美・渡辺俊之・平山宗宏・田島貞子著 (2009)　「親子ふれあい教 室が母親の気分状態に与える影響」『高崎健康福祉大学紀要』第 8 号 pp.37-48

(94) 千葉千恵美・渡辺俊之・平山宗宏著 (2008)　「国際結婚の母子への子育て支 援　健康福祉研究」『高崎健康福祉大学総合福祉研究所紀要』第 5 巻第 1 号　pp.25-36

(95) 千葉千恵美・渡辺俊之・鏡さやか著 (2006)　「保育における子どもの心の理解」 『近畿大学豊岡短期大学論集』第 3 号　pp.89-104

(96) 千葉千恵美・川上吉昭著 (1998)　「保育教材別にみた子どもの心の動きにつ いて」『東北福祉大学紀要』第 22 巻（通巻 25 号）　pp.129-139

(97) 吉田敬子監修　吉田敬子・山下洋・鈴宮寛子著 (2006)　『産後の母親と家族 のメンタルヘルス』母子保健事業団

(98) 財団法人母子衛生研究会編集 (2009)　『母子保健の主な統計』母子保健事業団

(99) 藤岡宏著 (2009)　「高機能広汎性発達障害の医療・教育の実践（幼児・学童 期を中心に)『児童青年精神医学とその近接領域』Vol.50 No.2　pp.22-112

(100) 佐野信也他著 (2009)　「虐待する母に対する精神療法的接近 (1)」『子どもの 虐待とネグレクト』　pp.363-366

(101) 佐野信也他著 (2009)　「虐待する母に対する精神療法的接近 (2)」『子どもの 虐待とネグレクト』　pp.367-375

(102) 野末武義著 (2009)　「家族ライフサイクルを活かす　臨床的問題を家族システムの発達課題と危機から捉え直す」『精神療法』Vol.35　No.1　pp.26-33

(103) 安藤郎子著 (2006)　「極低出生体重児の発達研究 (3)　──3歳児の発達状況について」『日本子ども家庭総合研究所』第 43 集　pp.281-290

(104) 阿部将史著 (2007)　「こども家庭センターと家族支援」『現代のエスプリ』第 479 号　至文堂　pp.165-175

(105) 金田利子著 (2009)　『乳幼児保育に置ける母性意識の国際比較　──日・中・米・スウェーデンを対象として──』日本学術振興会科学研究費助成『研究成果報告書』

(106) ジョアン・J・シリア、デボラ・J ウェーザーストン編　広瀬たい子監訳 (2007)『乳幼児精神保健　ケースブック　フライバーグの育児支援治療プログラム』金剛出版

(107) 柏女霊峰・網野武博・鈴木真理子著 (1992)　「英・米・日の児童虐待の動向と対応がシステムに関する研究」『児童育成研究』第 10 巻　pp.3-17

(108) 野口啓示著 (2006)　「児童虐待の家族再統合のための親教育支援プログラムの開発的研究」『子ども家庭福祉学』第 6 号　子ども家庭福祉学会　pp.1-11

(109) 喜多祐荘・前田敏夫・安藤純一・星野雅明編著 (1997)　『社会福祉援助技術総論』黎明書房　p.213

(110) 武田隆・荒川義子編著 (1998)　『臨床ケースワーク　クライエント援助理論と方法』川島書房　pp.31-43

(111) 千葉千恵美 (2006)　「ひきこもりケースについてシステム論的考察──システム論的家族支援におけるケース検討から」『高崎健康福祉大学紀要』第 5 号　pp.13-24

(112) Chiemi Chiba・Toshiyuki Watanabe・Munehiro Hirayama (2011) *Childcare support at nursery schools in Japan.:current services and future needs Community Practitioner* Volume 84　Number 10　pp.25-28　England

(113) 千葉千恵美・今井邦枝・山西加織・今井麻美・田島貞子 (2012)　「リカレント教育のニーズから見た保育者養成のあり方」『高崎健康福祉大学総合福祉研究所紀要　健康福祉研究』第 8 巻第 2 号　pp.29-33

(114) 千葉千恵美・渡辺俊之・平山宗宏 (2012)　「群馬県における国際結婚児支援の課題──保育所 (園) と幼稚園における支援の現状調査から──」『高崎健康福祉大学総合福祉研究所　健康福祉研究』第 9 巻第 2 号　pp.29-37

(115) 千葉千恵美・林由美子・大塚真理・渡辺俊之 (2015)　「ベビーフランダンス

が母親の気分状態と親子関係に与える影響」『高崎健康福祉大学紀要』第 14 号　pp.37-43

(116) 千葉千恵美・細川美千恵・新井基子・今関節子・新野由子・渡辺俊之・田島貞子 (2015)　「子ども・家庭支援センターのプレママ教室における妊婦への評価」『高崎健康福祉大学紀要』第 14 号　pp.83-90

(117) 千葉千恵美 (2016)　「国際結婚児と外国籍子育て支援——国内調査から得られた現状と課題について——」『高崎健康福祉大学紀要』第 15 号　pp.87-93

(118) 千葉千恵美 (2017)　「発達障害と子育て支援」『家族療法研究』第 34 巻 3 号　pp.246-250

(119) 千葉千恵美 (2018)　「家族支援の実践」『高崎健康福祉大学紀要』第 17 号　pp.113-121

(120) 千葉千恵美 (2019)　「東日本大震災後の対応とその支援——箱庭療法からのアプローチ——」『高崎健康福祉大学紀要』18 号　pp.73-83

■著者紹介

千葉 千恵美 （ちば ちえみ）

秋田県出身　1958 年 2 月 1 日生まれ　干支：いぬ　星座：水瓶座
趣味：犬との散歩　ピアノ　クラシックバレエ

■著者略歴

学 歴
　秋田県立大館鳳鳴高等学校卒業
　関東学院文学部社会学科卒業（文学士）
　東北福祉大学社会学専攻社会福祉学研究科修士修了（社会学修士）
　高崎健康福祉大学博士課程後期健康福祉学専攻保健福祉学博士修了（保健福祉学博士）

職 歴
　仙台市黒松保育所　保育士（地方公務員）
　東北福祉大学総合福祉学部助手　社会福祉相談室兼務（相談員）
　東北文化学園専門学校社会福祉科　科長
　福島学院大学短期大学部保育科一部兼務社会福祉専攻科　講師
　東北生活文化学園大学・短期大学部兼務　講師
　高崎健康福祉大学短期大学部児童福祉学科　助教授
　高崎健康福祉大学子ども・家族支援センター（相談員）
　高崎健康福祉大学短期大学部児童福祉学科　教授
　高崎健康福祉大学人間発達学部子ども教育学科　教授
　子ども・家族支援センター　副センター長
　高崎健康福祉大学健康福祉学専攻博士課程前期　教授
　高崎健康福祉大学健康福祉学専攻博士課程後期　教授　現在に至る
　2020 年 4 月　子ども・家族支援センター　センター長に就任

子育て支援と実践

2020 年 4 月 7 日　第 1 刷発行

著　者	千葉 千恵美　©Chiemi Chiba, 2020	
発行者	池上 淳	
発行所	株式会社　**現代図書**	
	〒 252-0333　神奈川県相模原市南区東大沼 2-21-4	
	TEL　042-765-6462	FAX　042-701-8612
	振替口座　00200-4-5262	ISBN 978-4-434-27327-8
	URL　　　https://www.gendaitosho.co.jp	
	E-mail　　contactus_email@gendaitosho.co.jp	
発売元	株式会社　星雲社（共同出版社・流通責任出版社）	
	〒 112-0005　東京都文京区水道 1-3-30	
	TEL　03-3868-3275	FAX　03-3868-6588

印刷・製本　モリモト印刷株式会社　　　Printed in Japan